话说 **内蒙古**

呼和浩特

托克托县

杨 诚 高玉凤 刘建国 ◎ 编著

内蒙古人民出版社

图书在版编目 (CIP) 数据

　　话说内蒙古·托克托县 / 杨诚，高玉凤，刘建国编著. -- 呼和浩特：内蒙古人民出版社，2015.8
　　ISBN 978-7-204-13599-8

　　Ⅰ．①话… Ⅱ．①杨… ②高… ③刘… Ⅲ．①托克托县－地方史 Ⅳ．① K292.6

　　中国版本图书馆 CIP 数据核字 (2015) 第 220991 号

话 说 内 蒙 古 · 托 克 托 县

编　　著	杨　诚　高玉凤　刘建国	
丛书策划	吉日木图　郭　刚	
责任编辑	王　静	
责任校对	李好静	
责任监印	王丽燕	
封面设计	南　丁	
版式设计	朝克泰	
出版发行	内蒙古人民出版社	
地　　址	呼和浩特市新城区中山东路 8 号波士名人国际 B 座 5 楼	
印　　刷	鄂尔多斯市桥头堡印刷有限责任公司	
开　　本	710mm×1000mm　1/16	
印　　张	16.25	
字　　数	240 千	
版　　次	2017 年 1 月第 1 版	
印　　次	2017 年 1 月第 1 次印刷	
印　　数	1—4000 册	
书　　号	ISBN 978-7-204-13599-8/K·691	
定　　价	55.00 元	

图书营销部联系电话：(0471) 3946267　3946269
如发现印装质量问题，请与我社联系。联系电话：(0471) 3946120　3946124
网址：http://www.nmgrmcbs.com

《话说内蒙古·托克托县》编撰委员会

主　任：张国平　郭志钢

副主任：郭美桃　王永亮　丁利文

编　委：马　腾　高存厚　高玉凤　刘　义　张素清

　　　　贾来东　杜　胜　王建宏　张晓宁　李建平

　　　　石　磊　张利国　吕　晟　杨　诚　刘建国

撰　稿：杨　诚　高玉凤　刘建国　张沛人

插图、剪纸、摄影：李赞爱　王立兴　樊拉师　郭玉福

　　　　杨子扬　高　华　崔建新　王勇刚　薛二伟

　　　　原　野　闫柱小　王顺义　张朝飞　郭宝林

　　　　王俊义　许丽清　王建宏　刘建强　高存厚

　　　　杨志东　刘　波　李鹤地

提供图片单位：托克托县政治协商委员会

　　　　中共托克托县委宣传部

　　　　托克托县广播电视新闻中心

　　　　托克托县文学艺术界联合会

　　　　托克托县博物馆

　　　　托克托县文化馆

　　　　云中文化促进会

编　务：郭晓强　刘　波　张文林　刘朝林　苗利君

　　　　胡晓杰　吕东涛　杨志东　马　斌

总　序

　　内蒙古自治区是我国第一个省级少数民族自治地区。全区共划分为9个地级市、3个盟、2个计划单列市，下辖52个旗（其中包括鄂伦春、鄂温克、莫力达瓦达斡尔3个少数民族自治旗），17个县，11个盟（市）辖县级市，23个市辖区，共103个旗、县、市辖区，首府呼和浩特市。

　　内蒙古东西直线距离2400千米，南北跨度1700千米，土地总面积118.3万平方千米。广袤的土地蕴含着丰富的自然资源：从东到西的森林、草原、沙漠等地形地貌，天然地形成了独特的旅游资源；丰富的煤、铅、锌、稀土、风力等矿产资源和清洁能源，为煤化工产业、有色金属产业、清洁能源产业的发展提供了支撑；地跨"三北"（东北、华北、西北），毗邻八个省区，与俄罗斯、蒙古国接壤，国境线长达4200千米，是努力建成我国向北开放的重要桥头堡和充满活力的沿边经济带的天然区位优势；依托于气候、优质土壤和草场、水源充足等优势，农牧业的发展已融入现代化建设当中。

　　这是一方自然资源丰富的沃土，它是北方少数民族生息和发展的中心地域，孕育了游牧文明、草原文化，在与农耕文化的不断碰撞中，相互融合，相互促进，共同谱写了中华文明的恢宏乐章。仰韶文化、红山文化是中华史前文化的一部分，战国时期赵武灵王着胡服、学骑射，两汉与匈奴交往、和亲，两晋南北朝的鲜卑建立了雄踞北方的北魏王朝，隋唐与突厥建立了宗藩关系，契丹民族建立了辽代政权，蒙古民族创立了疆域广阔的大元王朝，明清与鞑靼、瓦剌等民族建立了藩属关系——历史上，北方少数民族或雄踞一方与中原交好，或入主中原，在不断风起云涌中铸就了内蒙古丰富、厚重的历史文化魂魄。进入近现代以后，内蒙古也走在抗敌御侮的前沿，为新中国的成立做出了巨大贡献。

　　这份丰厚的历史积淀当中，涌现了诸多杰出人物，他们或是一方霸主，统领一域；或是一代天骄，建万世之基；或是贤良能臣，辅助建国大业；或是时事英雄，救人民于水火；或是在各自领域内留下历史价值的名人雅士。这些人有耶律阿保机、成吉思汗、忽必烈、哲别、术赤、耶律楚材、乌兰夫、李裕智、尹湛纳希、玛拉沁夫、纳•赛音朝克图等等。

物华天宝，人杰地灵。广袤的土地除了养育了一代代的草原人，也成就了她丰富的地域文化：马头琴音乐、呼麦、长调等民族音乐，好来宝、二人台、达斡尔族乌钦等曲艺，安代舞、顶碗舞等民族舞蹈，刺绣、剪纸、民族乐器制作、生活用具制作等传统工艺，蒙医药、正骨术等传统医药医术，婚丧嫁娶等独特的礼仪习俗。内蒙古在音乐舞蹈、民间艺术、文学史诗、传统医药、手工技艺、民俗风情等方面都创造了独有的成就。

悠久历史文化滋养下的内蒙古，在党的领导下，迈向新的历史征程。内蒙古自治区成立以来，党和国家一直重视内蒙古的发展，也给予各类政策和经济支持，内蒙古也不负众望，各项事业均取得了令人瞩目的成就：经济保持平稳增长，人民的生活水平不断提高；民主法治得到有效推动；建立了具有民族特色的教育体系，民族教育水平不断提高；民生改善工作成绩斐然；生态文明建设取得较大成就；四通八达的立体交通网，把内蒙古与世界各地拉近……

纵观几千年历史，内蒙古在历史的长河中扮演了重要的角色，这不仅源于自然条件的得天独厚，也源于草原儿女的自立自强。虽然这片沃土上的民族大多以口耳相传的方式传承着自己的文化，但是仍有不少历史的碎片撒落在当地的史籍当中，这些史料汇集成册，将成为向世人介绍内蒙古的名片。为此，我们组织全区103个旗县（市区）的有关部门和专家学者，借助各地的丰富史料，把散见于各种资料中的人文历史、民俗文化、民间艺术、壮丽风光、当代风采、支柱产业等等汇编在一起，编纂出一套能够代表内蒙古总体面貌、能够反映时代特色和文化大区风范的大型读物——《话说内蒙古》，以展示我区经济发展、文化繁荣、民族团结、边疆安宁、生态文明、各族人民幸福生活的六大风景线。

一本书，一支笔浓缩的仅仅是精华中的精华，万不足以穷尽所有旗县（市区）的方方面面。若本书为你敞开一扇了解内蒙古之窗，那么，读万卷书不如行万里路，内蒙古将以最大的热情迎接你：

赛拜侬——

欢迎你到草原来！

序

　　托克托，这片文化底蕴深厚而生机勃勃的土地，充满了地理与人文的灵秀，洋溢着开拓与创新的激情，于时代潮头奋起追梦，黄河岸边壮怀放歌！

　　早在五六千年前的新石器时代，就有人类在此繁衍生息，绚烂的海生不浪文化之花也开始在此孕育；战国赵武侯横刀纵马、筑就内蒙古高原最早的城池"云中城"；赵武灵王改革旧制、"胡服骑射"；秦始皇统一六国分封天下，云中郡位居36郡之列；唐代东受降城、辽金元时期东胜州、明代东胜卫作为边陲要塞，演绎了一幕幕铁甲旌旗、塞上风云；明朝阿勒坦汗的义子脱脱驻牧东胜卫，"托克托城"由此得名。清代河口古镇成为黄河水路联通塞外关里的重要码头，舟船络绎、商埠繁茂。近现代这里又燃起革命烽火，李裕智、苏谦益等志士先驱留下了追寻真理的光辉足迹。也正是在这片神奇的土地上，托克托人民怀着对美好生活的执着追求，铸就了勤劳勇敢、淳朴善良的优秀品格，谱写了历史文化与现代文明交相辉映的美丽画卷。

　　站在新的历史起点，托克托人民弘扬着诚信、厚德、创新、和谐的托克托精神，正按照"守望相助、团结奋斗"的要求，紧紧围绕自治区"五位一体"总体布局、"四个全面"战略布局的发展思路和市委提出的实现"两个一流、三个首府、两个率先"的奋斗目标，朝着打造全区一流工业园区、全市一流卫星城镇、全市一流文化旅游基地；推进建设生态、宜居、幸福、美丽托克托；早日实现跻身全国县域经济基本竞争力百强县行列这一目标，打造祖国北疆亮丽风景线的方向迈进。托克托人民自强不息、勇往直前，承载着先辈的光荣与梦想，肩负着历史的责任与担当，正满怀豪情前行在中国特色社会主义康庄大道上，朝着民族复兴"中国梦"的宏伟目标高歌奋进。

　　今天的托克托乘势而上、只争朝夕，捧出了一幅科学发展、强县富民的宏篇巨卷。现代能源、新型化工、有色金属生产加工和现代装备制造等新型产业基地、绿色农畜产品生产加工输出基地和文化旅游五大基地建设已初具规模，将托克托打造成内蒙古重要的重化工循环经济园区、呼和浩特市工业经济发展的主战场、重要的经济增长点。托克托县沿黄休闲观光经济带优势凸显，必将为呼和浩特乃至自治区的经济发展注入强大活力！

　　为了让人们更好地感受托克托、了解托克托，《话说内蒙古·托克托县》一书应运而生，全书境界宏阔，图文并茂，以"话说"的方式，用通俗的语言，讲述了托克托的历史传承、民俗风情、风味特产、当代风采、发展趋势等，为我们生动传神地描绘了一个美丽的托克托、人文的托克托、魅力的托克托。

中共托克托县委员会　书记　张国年

托克托县人民政府　县长

目录 Contents

沧桑岁月

后记

沧桑岁月

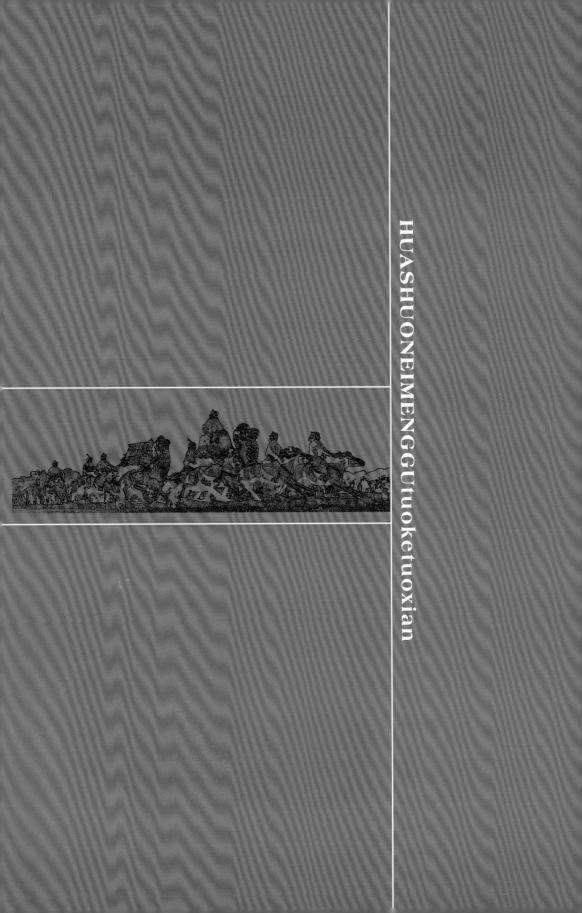

HUASHUONEIMENGGUtuoketuoxian

沧 桑 岁 月
CANGSANGSUIYUE

公元前390年，赵武侯在此筑云中城；公元前307年，赵武灵王置云中郡。明朝嘉靖年间阿勒坦汗的义子脱脱驻牧东胜卫城，托克托之名由此得来。

新石器时先民村

早在五千年前，在今黄河湿地管委会海生不拉村北的岗梁上，就有原始人聚居生息。时至今日，在一处先民村落遗址中散布在地层的房址、灰坑、炕灶等遗迹仍清晰可辨，磨制的石器、轮制的陶器随处可见。

村落遗址所在的地方，背负高

石镞

岗，面临黄河，避风向阳，高低错落，至今，依然是山光水色、草绿花红的好地方。想当年，先民们居住的环境怎样？他们又是如何生活的呢？我们只能依出土文物做一番推想。

也许，当时的这一地域，便依山傍河，气候温和。山里，密林覆盖，野兽出没；山外，土肥草茂，层层叠叠；河面上，波涌浪翻，鸟

石铲

3

海生不浪彩陶

鸣鱼跃。

一天，一个由近血缘关系组成的氏族群体，在他们的母亲带领下来到这里，定居下来。这个"氏族公社"在这儿定居之时，黄河流域的人类社会已进入新石器时代。人们不再住在树上、洞穴里，他们盖起了圆顶的或方形的半地穴式矮土房。屋里有炕有灶，劳作一天，晚上睡在铺着兽皮的土炕上。男人们就用那些磨制而成的石刀、石斧、石镞等上山打猎，下河捕鱼。简陋的猎具使他们的猎物少而又少。因此，氏族里的人们不能依赖他们保障生命安全，以致男人们在氏族里

小口双耳罐（新石器）

的地位远不如妇女们高。

那时的成年妇女很是辛劳，不仅承担着维系氏族生存繁衍的主要职责，而且每天都要在住地周围采集可以吃的植物、昆虫等。后来她们发现埋到地里的植物种子，第二年会长出新的植物，并开花结籽。于是，原始的农业开始了。这样，妇女们就可为氏族成员提供较为稳定的食物。同时，妇女们还要养育子女，照管家务，小孩们有事总是找母亲们解决。这样一来，妇女们在氏族中就成为主宰一切的中心、权威，男人们心甘情愿处于从属地位。这便是人类社会发展史上曾经长期存在过的母系氏族社会。

那时候，人们只有彼此协作，共同行动，才能维持生活。所以，那个社会里没有私有财产，人人平等，没有贫富之分，贵贱之别，没有压迫，没有剥削。随着工具的不断改进，劳动生产率的不断提高，"父权"取代"母权"，社会进入了父系氏族社会。

经过漫长的岁月，出现了私有制、阶级、国家，原始社会被奴隶社会取而代之。海生不浪人的生活就是这样走过的。

武侯修筑云中城

战国前，云中地区曾是我国北方古代荤粥、鬼方、土方、戎、狄

4

邯郸刀（战国）

等少数民族的游牧之地。进入战国时期，这一带成为"战国七雄"之一的赵国的属地。自赵国武侯在这里建筑了内蒙古中西部最早的一座城邑——云中城后，这一地区就成为云中地域了。

赵武侯是赵国这一诸侯国的一代君主。周安王二年（前400年），他接替其兄赵烈侯执政赵国，在位十三年。

赵武侯执政后，非常重视西部、北部疆域的开拓与治理。他深知，赵国要在强国对峙的中原腹地扩展，困难重重，而云中一带，地阔人稀，拓展空间较大，且北有阴山，

云中城旧址航拍图

南有黄河，进可攻，退可守。占有云中一带，赵国就保有西、北屏障。但是，云中位于秦、燕之中，是两国战略必争之地。而当时游牧于阴山南北的一些少数民族，特别是匈奴族，也把云中一带视为进占中原的跳板或根据地，志在必夺。

为了防备匈奴南犯，御敌于国门之外，赵武侯在今托克托县古城镇古城村建筑了一座云中城，城址至今清晰可见。

关于赵武侯筑云中城，北魏郦道元所著《水经注》卷三中有记载："白渠水又西南迳云中故城南，故赵地。《虞氏记》云：赵武侯自五原河曲筑长城，东至阴山。又于河西造大城，一箱崩不就，乃改卜阴山河曲而祷焉，昼见群鹄游于云中，徘徊经日，见大光在其下，武侯曰：'此为我乎？'乃即于其处筑城，今云中城是也。"

这是一座军事性的城池。云中

5

邪山大布（战国）

城的建设，使用了地平日晷测定方位，并在地平日晷上测定一回归年的四时八节，把城建工作安排在秋季。

云中城作为赵国内可守御、外可应敌的边疆重城，建筑选址几经占卜，也在情理之中。

胡服骑射兴改革

公元前326年，武灵王继父亲肃侯成为赵国的君主，是赵国首位称"王"的君主。

那时，七国纷争，战乱不断，一会儿"合纵"，一会儿"连横"，朝秦暮楚，国无宁日。赵国势微力弱，屡受邻国侵略。为了振兴赵国，武灵王决定在军事上进行一次大的改革，于前307年实施"胡服骑射"，变革"车战"弊端。

武灵王的改革得到相国肥义的

支持，但遭到多数人的反对。武灵王的叔父公子成是赵国举足轻重的元老勋臣，他干脆装病不上朝，以表示对"胡服骑射"的反对。武灵王知道叔父的态度影响重大，要推行胡服，首先要得到叔父的支持。他亲自来到公子成的家，先向公子成行了家礼，问候之后，恳切地对公子成说："家里的事听从于长辈，国家的事服从于君主，这是公认的行为，现在，我从国家利益着想，想变俗胡服，而叔父不同意，恐怕别人就更要议论纷纷了。其实，人们穿衣服是为了实用，制定礼法，是为便利事情的进行，其目的都是要利国利民，叔父与我的意见分歧，就在于你要坚守传统礼俗，而我要改变习俗，我之所以要实行胡服骑射，近可御边境险要之地，远可

报中山侵凌之仇。而叔父却固守礼俗，忘了先祖的遗愿、国家的耻辱，这实在是我不想看到的。"

公子成听了，沉思良久，跪地叩首说："臣愚昧，未能理解大王的志向，事关国家的兴衰，我岂能固守俗礼，违抗大王的旨意！"武灵王忙扶起叔父，让随从把准备好的胡服赐予公子成。

第二天，公子成和武灵王一样穿胡服上朝。大臣们见公子成也赞成胡服，就都无话可说了。接着，武灵王撤销了原阳（今呼和浩特市东南）的步兵编制，在云中川广阔的原野上开辟了一块骑兵训练基地，把驻守云中等地的步兵改编为骑兵，征集当地懂骑射的人做教练，加紧培训。不到一年，就训练出一支骁勇善战的骑兵部队。

此后，武灵王亲率骑兵，多

次进攻中山国，北破林胡、楼烦，至于常山，西极云中，北尽雁门，拓地数百里。又从代（河北蔚县）至高阙（今内蒙古临河区西北狼山口），沿阴山修筑长城，把他高祖父武侯所筑的长城从山西延伸到今内蒙古。同时，把云中、雁门、代设置为郡。云中郡成为赵国西北部重要的军事基地。

武灵王力排众议，坚定不移地实施"胡服骑射"，在云中地区训练出一支精锐的骑兵部队。他执政期间，赵国一度兵精国富，拓疆辟土，成为"三晋"之首、列国之强。武灵王设置的云中郡，是托克托县历史上第一个行政机构。

前221年，秦王嬴政统一六国，实行郡县制，初分全国为三十六郡。云中郡治所，仍设在原赵国的云中郡故址。此后千余年，

铜箭镞（战国—汉）

云中郡都曾是我国历代王朝的军政重地。

汉匈逐鹿云中川

前206年，刘邦灭秦建立了西汉王朝，帝号高祖。

汉初沿袭秦制，云中仍置为郡，下辖十一个县。其中，云中县仍为郡址所在地，阳寿、沙陵、祯陵、武泉四县亦在今托克托县境内。其时云中一带，成了匈奴等游牧民族梦寐以求、垂涎欲滴的理想之地。

匈奴族兴起的历史摇篮，在漠南黄河河套地区和阴山一带。当汉族各诸侯国逐鹿中原、无暇北顾之际，匈奴奴隶主贵族趁机以阴山、河套为基地，南下劫掠，夺取了河套以南的"河南地"。

汉高祖七年(前200年)，刘邦亲率大军征伐匈奴，汉大将夏侯婴、樊哙等在云中、武泉大破匈奴兵。因刘邦狂妄轻敌，误中匈奴冒顿骄兵之计，被围白登山七日，吃尽苦头。后用陈平之计，重贿冒顿阏氏，才得以突围。回朝后，他采用

四神温酒炉（汉）

日晷（汉）

刘敬建议，以宗室女冒充长公主，与冒顿议亲。此后，匈奴与汉暂时和好。惠、文、景三帝数十年间，匈奴与汉朝虽未发生大的战争，但匈奴对云中地区受害最重，几乎每年都有汉人被匈奴掳去，财物毁掠难以计算。

武帝元光二年（前133年），

铜鼎（汉）

发生了"马邑事变"。之后，汉匈关系恶化，匈奴拒绝和亲，常常入边抢掠。汉武帝对匈奴进行的长达数十年的残酷征伐就此展开。

汉武帝对匈奴的征伐战争规模巨大，具有决定性意义的战役有三次："河南战役""河西战

铜钟（汉）

莲花化生童子瓦当（北魏）

9年，王莽篡汉建立了"新"朝。王莽复古改制，坚持"内诸夏而外夷狄"的大汉族主义，对周边的少数民族大肆征伐，破坏了汉匈之间和睦共处的局面，致使边民伤亡无数，而十二部征匈兵士疲惫，数年之间，北边空虚，尸骨暴野。

东汉初，安定三水人卢芳称帝，控制云中郡与五原、朔方、定襄、雁门一带。之后，匈奴分裂为南北两部，南匈奴入据云中。

汉灵帝中平四年（187年），南匈奴发生内讧。在曹操的分化瓦

役""漠北战役"。经过这三次战役，匈奴主力不得不退出河套及其以西一带，从此一度出现"幕南无王庭"（幕南即漠南）的局面。匈

博山炉（汉）

奴失败的大局已定，而汉朝为此也付出惨重的代价，以致"海内虚耗，户口减半"。

汉元帝竟宁元年（前33年），匈奴单于呼韩邪向元帝奏请和亲，王昭君出塞和番，汉匈重新息战数十年。

二佛并坐石造像（北魏）

9

多宝二佛并坐像（北魏）

迁，南匈奴保塞，草原上出现了真空状态。拓跋鲜卑部在其首领推寅领导下，南迁进入匈奴故地开始游牧生活，其中一支，也就是拓跋部族本支，从拓跋诘汾的次子拓跋力微时代起就游牧于云中（今托克托县云中古城）一带。

神元三十九年（258年），拓跋力微迁于定襄之盛乐。拓跋力微死后，诸部离叛，国内纷扰。295年，拓跋力微少子拓跋禄官继承大酋长之位。分国为三部，其中一部，占据云中一带，首领为拓跋猗卢。拓跋猗卢势力渐强，曾帮助西晋并州刺史击败铁弗匈奴的进攻。晋愍帝建兴三年（315年），拓跋猗卢被晋

解下，南匈奴政权解体，分为左右南北中五部，南下迁入山西等汉族地区，与汉族人民长期共处。

北魏建都古云中

东汉献帝建安二十年（215年），曹操将云中、九原等郡人民迁居内地，立新兴郡。云中、西河之间，其地遂空。经三国、两晋百余年后，于东晋成帝咸康六年（340年）春，代移都于云中之盛乐宫，自此云中地区进入鲜卑势力范围之内，成为北朝的一个战略要地。

拓跋部发祥于今嫩江流域、大兴安岭北部。东汉初年，北匈奴西

释迦牟尼（北魏）

帝封为代王。

拓跋猗卢死后，国中大乱。部落内部各种势力集团争权夺利，互相残杀。代国经过二十多年内乱，到338年，19岁的拓跋什翼犍于繁峙（今山西浑源县西）即代王位，改元"建国"，内乱才停息。

拓跋什翼犍曾在后赵的都城邺当过十年质子，深受中原汉族文化的影响，在那里学得不少关于中原王朝政权的典章制度等方面知识。他当代王后，即效法中原，在朝廷设置官职，分掌政务，制定法律，由此代国开始确立了国家的体制。建国三年（340年）春，拓跋什翼犍听从了母亲的话，移都于云中盛乐宫，第二年九月，于故城南八里处筑盛乐新城。

代建国三十九年（376年）十月，前秦苻坚命大司马、幽州刺史苻洛为北讨大都督，率步骑30万分东西两路进攻代国，大军驻兵君子津。代国内乱，拓跋什翼犍为乱兵所杀，代国被前秦灭亡。

拓跋什翼犍的孙子拓跋珪在其舅家贺兰部帮助下，于386年正月，复建代国，建元"登国"。四月，改代为魏，中国历史上南北朝时期的北魏王朝就此开始了。

拓跋珪以云中地区为基地，改革吏治，实施分土定居、息众课

释迦说法铜造像（唐）

农，经济逐步繁荣。

从登国三年（388年）到登国九年（394年），拓跋珪率军东征西战，北讨南伐，先后征服击溃了库莫奚部、解和部、高车诸部、叱突邻部、纥奚部以及西方的柔然、西南的铁弗等。在巩固后方根据地的基础上，拓跋珪灭后燕，进而进取中原，统一北方。

北魏天兴元年（398年）七月，拓跋珪把都城从云中迁往平城（今山西大同），十二月，拓跋珪正式即皇帝位，建元"天兴"，并把"息众课农""分土定居""计口授田"的政策在全国推而广之。他建立起的封建政治制度专治机构，加速了魏国的封建化历史进程。

少年皇帝逞雄威

北魏世祖太武帝拓跋焘是太宗明元帝拓跋嗣的长子，其祖父即奠定北魏基业的太祖道武帝拓跋珪。

拓跋嗣于北魏登国七年（392

真武庙壕山梁前沿台地烽火台

年）生于云中宫。年少时，就"明睿宽毅，非礼不动"。拓跋珪想让拓跋嗣继位，担心出现母后干预国事、外戚操纵朝权的恶果，就效仿汉武帝为让刘弗陵继位而处死其生母钩弋夫人赵婕好的先例，将拓跋嗣的母亲刘贵人赐死。拓跋嗣生性纯孝，"哀不自止，日夜号泣"。但这却引起了拓跋珪的极大愤怒。为防不测，拓跋嗣以游行之名逃身都城之外。

拓跋珪从云中迁都平城后，由于激烈残酷的外争内斗，加之他又迷信道士，大量服食丹丸而秉铅中毒，以致精神恍惚，喜怒无常，疑神疑鬼，滥杀无辜。对妃子贺氏稍有不愉悦处，就幽禁宫中，声称要将其杀死。贺氏所生的儿子拓跋绍纠集手下卫士，串通宫内宦官，深夜闯入拓跋珪寝宫，将拓跋珪杀死，意欲继承皇位。

在外避难的拓跋嗣闻听朝中变故，星夜赶回都城，在众多权臣的拥戴下，杀死拓跋绍，继任为北魏皇帝。

拓跋嗣在位14年。他接受官拜博士祭酒的汉族士人崔浩的建议，在逊位前实施"太子监国"，发现拓跋焘少年有为，就放心让位。泰常八年（423年）十一月，拓跋焘正式登上皇帝宝座，即太武帝，当时他只有16岁。

在拓跋焘接任皇帝时，北魏王朝经过拓跋珪、拓跋嗣父子两代的开拓进取，政权巩固，雄踞大漠，基本上控制了今河北、山西及河南、山东北部的广大地区。但是，在北方，仍有许多割据势力如北燕、大夏、北凉、西秦等与之对抗，其中的柔然便是一个劲敌。

柔然的始祖木骨闾，在拓跋力微时，原为鲜卑贵族的奴隶，至拓跋猗卢时从云中地区逃亡，纠集逃亡者百余人，依附叱突邻部，到木骨间之子车鹿会时，才取得了统治地位，有了部众，自号"柔然"，并逐步发展为北方的大部落。

就在拓跋焘继位的第二年八月，柔然纥升盖可汗大檀听说北魏少主执政，以为有机可乘，就带领6万骑兵侵扰云中。北魏旧都被攻占。

新登帝位的少年皇帝拓跋焘闻报，亲领轻骑救援。经三日两夜兼程疾驰，赶到云中城下。云中城密密麻麻全是柔然兵。大檀调集精兵良将，将拓跋焘里里外外围了50多重，旨在就此生擒这位小皇帝，进而吞并魏国。柔然骑兵马首相逼，人如层层叠叠的围墙堵塞。魏兵见状都惊慌失措，拓跋焘却神色自若。他亲挽强弓，四面冲杀，射倒柔然大将于陟斤。魏兵见皇上如此英勇无畏，亦都勇气倍增，喊杀连天。柔然兵见将领已死，不战自乱。拓跋焘率部往来冲杀，突破重围，奋力反击。大檀损兵折将，引军溃退。拓跋焘收复云中。

炀帝巡幸云内州

隋唐时期，北方突厥族逐渐强大起来。突厥首领阿史那土门率领部众打败且合并了铁勒各部五万余落（户），大败柔然，建立起突厥汗国。

隋初，内部矛盾重重的突厥汗国又遭遇大漠南北连年不断的自然灾害，疫病流行，人畜死亡甚多。开皇三年（583年）突厥汗国分裂成东、西两部。

隋文帝应东突厥首领沙钵略请求，准许其率领部落迁居漠南，寄居于白道川（今呼和浩特平原）。同时，派晋王杨广以兵救援，助其击败突厥阿波部，所获战利品全归于沙钵略，沙钵略大喜，上书称臣，归附隋王朝。沙钵略死后，东突厥分裂，沙钵略的另一个儿子染干号突利可汗，居北方，遣使向隋朝求婚。隋文帝优待突利，封其为

鎏金观音菩萨像（西夏）

13

乔龙谢钱（辽）

意利珍豆启民可汗，厚赐物资，送义成公主予启民为妻，还为启民筑大利城（城址有待考证，有说在今托克托县境内，有说在今和林格尔县境）及金河（今托克托县境内）、定襄二城。在隋王朝的保护资助下，启民部落生活安定，畜牧业生产迅速发展，牛羊遍满山川。启民上表向隋王朝致谢曰："染干譬如枯木重起枝叶，枯骨重生皮肉，千万世与大隋典羊马也。"

仁寿四年（604年），杨广即皇帝位，即隋炀帝。

大业三年（607年）正月，启民可汗亲到京城恭贺元日。回归辞行时，请求炀帝北巡，炀帝正想巡幸北疆，以向北边诸族示威，当即应允了启民的请求。

六月，驰道通。炀帝经雁门、马邑，驾临榆林（今内蒙古准格尔旗十二连城）。

八月，炀帝欲出巡云内（云中），并至启民可汗牙帐，转而去北方重镇涿郡。启民可汗为此"举国就役"，把由榆林到其牙帐的御道一直延伸到涿郡。道宽百步，全长达三千里。

炀帝行前，令宇文恺等造观风行殿，内可容纳数百人，可离可合，下施轮轴，倏忽推移；并筑置行城，周两千步，用木为干，上蔽以布，涂饰丹青，楼橹悉备。

炀帝乘坐行城，从榆林出发，北渡黄河。甲士前呼后拥，随从共达五十余万，旌旗辎重，绵延千里。炀帝溯金河（今大黑河）而东

三彩瓷俑（金）

北幸启民牙帐，启民跪迎入帐，奉
筋上寿。突厥王侯以下，均袒割
帐前，不敢仰视。启民设宴盛待炀
帝，炀帝异常高兴，即席赋诗《幸
北塞》。

炀帝留宿启民牙帐，约有数
日。萧后亦幸义成公主帐中，颇多
赏赐。炀帝启銮南归，启民扈从送
往塞内。炀帝经太原，上太行山，
开直道九十里，南通济源，然后返
回东京。

大业四年（608年），启民因病
而亡。炀帝闻之甚悲，下令废朝三
日，以示哀悼。

受降城下月如霜

唐初，东突厥实力达到鼎盛
期，不断向唐朝北边进犯抢掠，唐
朝忙于整顿内乱，无暇顾及突厥。

626年，唐太宗李世民即皇帝
位，建元贞观，其时，中原地区的割
据势力消亡殆尽，国家再度统一。

贞观四年（630年）正月，李
靖亲率骁骑三万，自马邑出发进屯
恶阳岭，出其不意，连夜进军，直
逼东突厥可汗颉利营地定襄城。并
州都督李勣屯兵云中，与突厥军相
遇于白道。一场激战，突厥军大
败，退保铁山。李靖与李勣会合于
白道，连夜进入阴山，直扑颉利大
帐，唐军生擒颉利，东突厥灭亡。
其部落有的北附薛延陀，有的奔西

域，有近十万人归附唐朝。唐太宗
把归附唐朝的突厥人安置在河套
以南，东自幽州，西至灵州一带地
区，设置顺、祐、化、长四州都督
府，并将颉利可汗原统治的漠南地
区分为六州，左置定襄都督府，右
置云中都督府（后迁瀚海都护府于
云中城，改云中都督府为云中都护
府，其后又改云中都护府为单于大
都护府）。被安置在定襄都督府和
云中都督府所辖六州的突厥降众，
均成为唐王朝的臣民。然而，唐朝
统治者却对这些突厥人实行羁縻和
利用的歧视政策，经常征调他们充
当对外扩张和对内镇压人民反抗的
工具。

永淳元年（682年），南迁至漠
南的突厥贵族骨咄禄利用突厥人民
群众对唐朝统治者的不满情绪，重
新建立了一个突厥政权，史称"后
突厥"。此后，北方战乱频仍。

唐中宗景龙元年（707年）十
月，中宗李显命左屯卫将军张仁愿
为朔方道大总管，率兵攻击后突
厥，后突厥兵败退走。

张仁愿所统朔方军与突厥部以
黄河为界：朔方军驻河南，突厥军
驻河北。景龙二年（708年）三月，
张仁愿上奏中宗，请准于黄河以
北阴山以南从西而东依河傍势修筑
西、中、东三座受降城，以抵御后

东胜卫城西南角（金）

突厥逾河南犯。为加快筑城进度，张仁愿把戍边期满的兵士也留下参与筑城。约经两月，工程告竣。

其时，河北有座拂云祠，突厥人每当南侵时，必先到拂云祠祈祷，于其处牧马料兵，而后渡河南犯。张仁愿就以拂云祠处筑受降城（今包头市西），西、东各距四百里，分筑西受降城（今五原县西北乌加河畔）与东受降城（今托克托县境内）。各城址都选在扼守河渡的紧要之处。三座受降城，均不设瓮门、战格等备守设施。筑城毕，又于沿河至牛头朝那山（今固阳县东）设置烽火台一千八百余所，拓地三百余里，以左玉钤卫将军论弓仁为朔方军前锋游奕使，驻戍诺真水往来巡逻，控制了阴山以南地区。从此，北突厥不再轻易南犯，而把掠夺的锋芒转向西突厥，"朔方无复寇掠，减镇兵数万人"。

唐玄宗天宝四年（745年），回纥首领骨力裴罗，率部众攻杀白眉可汗，后突厥政权灭亡。

唐肃宗乾元元年（758年），东受降城隶属振武节度使。

寇哥矝城东胜州

在北宋时期（960—1127年），今托克托县地区为辽统辖，属辽所置西京道东胜州（遗址在今

绿釉力士像（元）

郹城军机义兵百户之印（元）

双河镇北城圈圐内大荒城）和云内州（遗址在今古城镇北白塔村）。

金朝是女真族建立的王朝。女真族初始归附于辽，辽天庆五年（1115年），女真首领完颜阿骨打称帝，建国号为金。辽保大二年（1122年），金主派大将斜也统率精兵攻克辽中京大定府（今赤峰宁城）。

金兵趁势进取西京大同，西京属地相继为金占领。

辽保大三年（1123年），金以斡鲁为都统，斡离不为副都统，追击天祚帝耶律延禧至居庸关，延禧走投无路，派人持兔纽金印，向金乞降愿为子弟，量赐土地，他自己则带所剩随从奔入云内（今托克托县西白塔古城）。

雅里闻听父王兵败趋入云内，就带领扈从千余人，赶往云内护驾。耶律延禧欲投奔西夏，中军都统萧特烈等进谏，延禧不听劝阻，

于是渡过黄河西行。辽将萧特烈与耶律元直私议，劫持梁王雅里另走西北部，且拥立为帝，改元神历。可不到数月，雅里死亡。其时，辽朝的土地丧失殆尽，仅存一个惶惶逃命的天祚帝。他本盼望西夏国能收留他，让他得以活命安身，不想西夏降服金朝，拒绝接纳辽帝。天祚帝无可奈何，又东渡黄河，终为金将娄室俘获。辽朝被金灭。

金占领东胜、云内后，仍沿辽制置州，隶属于西京（大同）路。云内州置开远军节度使，统柔服、云川二县及宁仁镇；东胜州初置武兴军，统东胜县、宁化镇。

在金统治的百余年间，托克托

玉壶春瓶（元）

钧窑三足香炉（元）

地区的经济由战乱时的残败、萧条逐步开始恢复、发展。金朝后期，东胜成为金与西夏重要的榷场贸易之地。

12世纪末、13世纪初，蒙古族迅速兴起于大漠南北，并于金章宗泰和六年（1206年）由成吉思汗建立了蒙古汗国。

1211年，趁着草高马肥之际，成吉思汗率领长子术赤、次子察合台、三子窝阔台，统兵数万，祭旗出发，南下伐金。术赤、察合台、窝阔台分路夺取了云内、东胜、武朔等州。其时，蒙古军攻城夺地多以抢掠财物为主，不少州府元兵过后复为金兵收复。东胜、云内等州亦如此。

金宣宗贞祐年间，蒙古兵复攻金西南路。其时，隶属西南路的东胜州由金将伯德窊哥镇守。当东胜临近诸州都相继归降蒙古后，窊哥独守孤城，拒不投降，率领部下顽强坚守东胜。东胜州被蒙古军攻破，窊哥与姚里鸦胡、姚里鸦儿召集义军，在极其艰难的境况中，披荆斩棘复立州事。金兴定三年（1219年），蒙古军又遣兵围攻东胜。窊哥食不甘味，夜不安睡，率部下日夜守卫城池，将士同心，接连击退蒙古军多次攻击，然终因外无援兵，内无粮草，窊哥英勇战死，东胜州被蒙古军队占领。

明朝重筑东胜卫

元时，河套地区和今呼和浩特平原一带，包括鄂尔多斯北部，由原西京路改属大同路管辖。今托克托地区为东胜州和云内州之地。

在元朝大一统时期，以大都为中心修筑了通向全国各地的交通驿站。其时，东胜、云内不仅陆路交通畅通，以黄河为大动脉的水运也相当发达。元世祖至元四年（1267年）七月，朝廷下令自中兴（今银川）路至西京的东胜沿黄河设立了十个河运驿站，以便利漕运。其后又设巡军，以利商运，官商船舶，西来东往，东胜为货物聚散转运之枢纽。

漕运的发展，同时也带动了水利田灌的兴建。至元二年，郭守敬任都水少监。他曾面奏世祖忽必烈："自中兴沿（黄）河四昼夜至东胜，可通渠运。及见查泊兀郎海

道光青花龙纹大盘（清）

古渠甚多，宜加修理。"同时又奏请修复金时庐沟渠及其他河运水患治理事宜。忽必烈采纳了他的建议，并委他主持测绘地势，规划水利漕运灌溉事项。

元顺帝至正二十八年（1368年）元月，在北伐南征一片捷报声中，朱元璋正式登上了皇帝宝座，定国号为大明，建元洪武。

明军水陆并进，攻取元大都。元顺帝带后妃、太子打开健德门，由居庸关北走，逃往上都。元朝在中原长达近百年的统治宣告结束。朱元璋驾幸大都，即命徐达率常遇春、冯胜、汤和、杨璟等大将分路西征，山西悉平。徐达请诏令镇武卫指挥使金朝兴任大同卫指挥使，并领兵西进，攻取元大同路所属东胜、云内诸州。金朝兴轻取东胜，元平章刘麟等18人被俘，紧接着，云内等州亦被明军占领。

洪武四年（1371年）正月，东胜废州置卫，称为东胜卫，属山西行都司。领五个千户所，即失宝赤千户所、五花城千户所、斡鲁忽奴千户所、燕只斤千户所和翁吉剌千户所。洪武二十五年（1392年）八月，冯胜、傅友德、常升等将山西之民迁于大同、东胜，屯田入军户，并在东胜城外建筑东胜卫新城（遗址即今城圐圙古城）。东胜卫分置左、右、中、前、后五卫，仍属行都司。洪武二十六年二月，罢中、前、后三卫。永乐元年（1403年）二月，徙左卫于北直庐龙县、右卫于北直遵化县直隶后军都督府。三月置东胜中、前、后三千户

东胜卫城遗址

所于怀仁等处守御，而卫城遂虚。正统三年（1438年）九月，又恢复卫制。

为加强防御，明朝在今托克托地区除置东胜卫外，又于洪武二十六年二月置镇虏卫（遗址在今托克托县新营子镇黑城村古城）。永乐元年二月，徙治于北直畿内直隶后军都督府。宣德元年（1426年），还旧治，仍属行都司。正统十四年（1449年）徙治天诚卫，而卫城遂废。

明朝设在塞外的卫所属驻兵之处，其时，这一带为后元蒙古与明朝的逐鹿地区。

脱脱驻牧东胜地

1510年，成吉思汗后裔达延汗先后征服了蒙古各部，完成了大漠南北的统一。达延汗统一了大漠南北以后，把原有大小部落归并，整顿为六个万户（土绵），其中的土默特万户在今呼和浩特平原及其周围地区。

之后，土默特部在俺答汗（又译作阿勒坦汗）统治时期逐渐强盛起来。

俺答汗是达延汗

铜火铳（明）

的孙子。俺答汗在极盛时期，控制着东起蓟州以北、西至嘉峪关以西的塞北高原以及青海、甘肃的部分地区，东与察哈尔对峙，南沿长城与明朝相邻。

明蒙之间断续百余年的战争和对立，严重阻隔着我国南北方民族和地区之间的经济文化交流。蒙汉各族人民乃至统治阶层中的一些人，也早已厌烦了战争，希望恢复和平往来。俺答汗就是蒙古族历史上致力于民族间友好和睦的开明统治者。他正式提出和平通贡不下百余次。而当时的明朝统治者却一味坚持民族歧视政策，多次杀害俺答汗派来的和平使者。1550年，被激怒了的俺答汗决心以战求和，率大军攻破边关，打得明军一败涂地，一直攻到了北京城下，明朝被迫答应通贡互市。可是，昏庸顽固的嘉

东胜卫城一角

脱脱群雕

靖皇帝并无和平诚意，边关互市才开了一年，就借故关闭。俺答汗的使者也被杀害，双方重又处于对立和战争状态。

明穆宗隆庆四年（1570年）十月，把汗那吉降明事件最终直接导致了蒙古与明政府的和议。

把汗那吉是俺答汗的孙子，因不满俺答汗强行为自己择偶，率领妻子及部属阿力哥等十余人南逃，来到大同边外叩关投降。大同巡抚方逢时、总督王崇古以及大学士高拱、张居正极力主张以此事为契机，与俺答汗议和，通贡互市。穆宗最终听取了张居正等的奏议，放回把汗那吉，于隆庆五年三月正式颁诏封俺答汗为顺义王，赐给印信，制定出了通贡互市有关条例。这年秋天，俺答汗亲临山西边镇得胜堡（今丰镇市东南），郑重宣布信守和平的十三条规约，表示蒙汉民族要世世友好，永不相犯。随后，东起宣府，西至甘肃的十一处互市市场也陆续开设。从此，明蒙化干戈为玉帛，和平贸易代替了民族仇杀，"边氓释戈而荷锄，关城熄烽而安枕"。

其时，驻牧在东胜（今托克托城）的是俺答汗的义子恰台吉，亦名脱脱，脱脱驻牧东胜卫期间，积极促进与明朝边关的互市贸易，发展与内地的和平交往，维护明王朝的统治地位。由于他的杰出贡献，明王朝对他一再予以褒奖，由百户晋升为四品指挥检事官。脱脱驻牧东胜卫四十余年，由于他维护了各族人民的利益，维护了边疆地区的和平环境和经济交流，从而受到了各族人民的尊敬和爱戴。当地人民为了纪念他就用他的名字取代了原来的城名，将东胜卫改称为脱脱城，以后亦称托托城或妥妥城。

康熙吟诗脱脱城

康熙三十五年（1695年），康熙皇帝亲统大军，浩浩荡荡，出京赴漠征讨噶尔丹。

康熙此次征剿噶尔丹，把归化城作为前敌指挥部，准备在归化城迎降噶尔丹，同时安抚蒙古各部，体察民情，于十月十三日到达归化城，康熙帝驻跸于托音胡图克图寺（小召），后从托音胡图克图移于南阙下营。

康熙看到噶尔丹势力已衰，但是在归化城等候噶尔丹来降也不大可能，于是决定按计划出巡鄂尔多斯，同时对归化城的城防军务做了妥善安排。康熙对前军将军费扬古前线军务非常关注，谕立"如大将军处有急务，即拨兵六百，前赴大将军处"。又"命督运于成龙等，运湖滩河朔仓米一千五百石，至大将军伯费扬古军

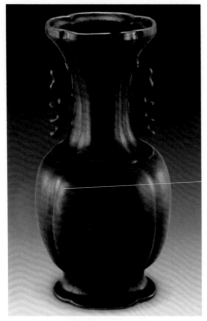

蟹甲青双耳瓶（清）

前喀喇穆冷地方"。

二十八日，康熙驻跸湖滩河朔。"湖滩河朔，汉人称为脱脱城，此即黄河之岸，波流甚缓，非南方黄河之比。"军务之余，康熙写下了《黄河（并序）》的长诗。

十一月三日，康熙帝带领部分侍卫，乘船泛游黄河。其时，"流凌始下，舟行之顷，河水莹洁，波浪忽平"。康熙情不自禁，吟诗一首。那时的托克托故城叫脱脱城，建有储存官粮的几十间粮仓。湖滩河朔设有从归化城过黄河进鄂尔多斯高原的驿路官渡。康熙暇览脱脱城，想到不久前曾从这个塞外小城的粮仓调运了千余石仓米解赴于与噶尔丹激战的大将军伯费扬古军

前，解决了前军缺粮的燃眉之急，心有所感，随口吟诵了《脱脱城》七言绝句一首——

土墉四面筑何坚，
地压长河尚屹然。
国计思清荒服外，
早将粮粟实穷边。

康熙急欲渡河西征，但黄河尚未结冰，在湖滩河朔驻跸数日间，河面上的凌块日益稠密，乘舟渡河已无可能，康熙心内焦急，但也无可奈何。十一月五日夜，侍从惊喜地禀报康熙，在河水由西而南的转弯处，河面已冻结。康熙大喜，下令大军准备翌日渡河。

窑变釉天球瓶（清）

十一月六日，康熙率大军冰渡黄河，挺进鄂尔多斯。说来也奇："时天气温暖，自喀林拖会（河水转弯之处）东西数里外，河水湍疾，独军渡之处，冰坚盈尺。上命军士等三路垫土，辎重渡河，如履平地。"康熙有感而作《冰渡》一诗——

云深卓万骑，风劲响千旗。

半夜河冰合，安然过六师。

康熙中后期，黄河上中游的水运开通，托克托的河口逐渐成为塞外举足轻重的水旱码头。历时两百余年，对繁荣地方经济，发展晋、蒙两地的商品经济发挥了无可替代的历史作用。

托城神兵震塞外

光绪二十六年（1900年）农历五六月间，托克托的义和团运动势如狂飙骤雨，卷地而起。

一天，一个名叫科巨子的山西代州人赶着骡驮住进托城的公义店，卸驮后，便在南街城隍庙前踢

清光绪二十六年（1900年）托厅捕盗营随义和团攻打二十四顷地教堂出发前留影

青花梅瓶（清）

开摊子教练神拳。十数日间，托城、河口贫苦农民和手工匠人子弟及商号店铺学徒相继参与练义和神拳者迅达数百人。一时，城乡风传"托城起神兵了！"他们团民结队，沿街示威，宣称"保清灭洋"，高呼"砸洋魔"的口号。各教堂神甫、牧师闻风远遁，教民纷纷逃避。团民每天四处搜捕教民，逮到一批就绑赴南滩刀杀。厅境内先后杀教民及少数被诬为教民者五百余人。

这年农历四月，西南蒙古教区总堂二十四顷地教堂的主教韩默理唆使石宗、任喜财等教民率众会同托厅部分教民武力强买当地义和楼

25

康熙款青花笔筒（清）

村张贵寡妇（蒙古族人）的大片土地，并残忍杀害为张贵寡妇据理力争的青年农民高占年等九人，抛尸黄河。

高占年等死难者家属分赴萨拉齐、托克托两厅告状。厅衙准状，派人与教堂交涉处理事宜。但蛮横狂妄的韩默理根本无视地方政权，将石、任等凶手窝藏于教堂内拒不交出。

六月上旬，高占年的弟弟来托城请神兵，为高占年他们报仇。托城义和团的首领当即答应了高占年弟弟的请求。

六月初十清晨，托城义和团在城隍庙滩集合，浩浩荡荡，直奔二十四顷地，与当地的义和团汇合。六月十五日，攻打二十四顷地的战斗打响。义和团与教民武装激战一天，未能取胜，进攻被迫中止。

二十四日凌晨，义和团和官兵密切配合，从四面向教堂强势围攻，攻破了一道又一道防线，杀进村里，双方展开了肉搏战。教会武装防不胜防，死伤甚重，溃不成军。义和团勇士们攻进主教府，生擒主教韩默理及石宗、任喜财、刘二存等凶手，攻打二十四顷地教堂

道光款五彩四喜盘（清）

同治重宝（清）

的战役取得了胜利。战后，他们将韩默理及石宗、任喜财、刘二存等杀人凶手五花大绑缚在车上，押往托城。韩默理背上插一面小旗，上写"老洋魔"三字，和几名凶犯被一同绑赴南滩斩杀。

留守在托厅的义和团于六月初十、十一两日，先后焚烧了南坪、什拉壕等天主教堂和托城洋人巷内的耶稣教堂。七月上旬，托厅义和团接到绥远城将军府调其与官兵会剿铁圪旦沟教堂的公文，七月二十八日，围剿铁圪旦沟教堂和窝尔图各沟教堂的战斗相继打响。经过一天激烈的战斗，两处教堂均被义和团和官兵攻破并焚毁，美国牧师安德生一家在混战中被杀。

1900年8月，八国联军攻入北京。义和团运动被中外反动势力残酷镇压而失败了。托克托县"齐天大圣"姜小红和任假女等惨遭杀害。

同盟会员迎新军

1912年1月12日，由阎锡山带领的一部分山西革命军进占包头，受到了人民群众的热情欢迎。这时候，孙中山已在南京就任中华民国临时大总统，宣布"五族共和政体"。包头市民闻讯，一日之间旌旗变色，全市庆祝，欢声雷动。当时，归绥的反动势力孤立无援，革命军的力量占绝对优势，当阎锡山看清清朝皇帝肯定要下台时，于1月26日命令革命军向归绥进发。但革命军却在萨拉齐以东的刀什尔村遭到清军土默特旗蒙古马队七百余人的阻挡，双方激战终日，革命军损兵折将，纷纷败退。

恰好这时候阎锡山得到了南北议和的消息，他担心攻取归绥要消耗自己的实力，又怕别人捷足先登抢占了山西，于是，带部队经善岱进兵托克托厅。

托厅通判包荣富召集地方绅商共谋对策。托克托县的同盟会员阎懋、刘兆瑞、李永清等力主欢迎阎军。包荣富迫于形势，只得应允。腊月初十（亦说十二），阎军五六千人进抵托境。托城、河口两镇商号皆悬白旗，以示欢迎。阎军入城后，分驻于托城、河口的商号和民户中。

次日，阎锡山发布安民告示，开狱释放囚犯，筹办饷糈，补充兵员、给养。为发军饷，阎锡山提取了托城"塞北关"、河口"塞北关""杀虎关"三个税厅和盐局以及地方各项全部公款，并在阎懋等同盟会员的支持协助下，向当地商号、富户筹集白银八万两。阎锡山将筹集到的银两由银匠摊成银条，作为军饷。与此同时，各干货铺连夜赶烙月饼；各住户从杂货行领上布、棉，赶制军服，给每个士兵发了一套三面新的军衣。

驻托期间，阎锡山接到太原方面要求其返回的信息。同时，获悉清兵第一镇已由归化城开出即将到托。因此，阎锡山于12月22日离托。两百多辆大车上，载着条篓，内盛月饼。篓口蒙着红布，意为装着弹药。阎军从河口村南踏冰渡黄河，经准格尔旗返回山西。

12月23日黎明，清兵第一镇统领李奎元领兵进入托城，在城内大肆搜捕革命党人。阎懋、刘兆瑞藏在河口公义昌草店苇席内，未被捕获，李永清逃出城外，匿于乡下外祖父家中，三家眷属尽都逃奔。清军将三家财物抢掠一空。清兵分驻于托城、河口的商号和民户中。清兵任意抢拿百姓财物，搅得人心惶惶，鸡犬不宁。虽然为期很短，但托城、河口两地又遭受了一次兵灾劫难。

1912年，阎锡山从山西来函，委任阎懋为东胜县知事，李永清为和林格尔县知事，刘兆瑞为塞北关监督。从1916年起，分期偿还了从托城、河口两地所借的八万两白银，并按年息七厘计算。截至1921年，本息以三分之一现金，三分之一山西省的公债券，三分之一山西保晋公司股票的形式全部还清。

烽火漫漫抗倭寇

1938年1月，日本侵略军占领了托克托县。敌伪政权在托克托县自上而下层层组建，从此，托克托县人民在日寇的血腥统治下，度过了八年水深火热、血泪斑斑的生活！抗击倭寇的英勇斗争在土默川持续展开。

当年春，由托克托县人王世昌等自发组织的抗日自卫军五百多人，在托克托县境内的韭菜滩村伏击了欲去厚和豪特（今呼和浩特市）的驻托克托县日军顾问神原一行，神原被击毙，所带十二名伪警察全部缴械投降，神原所乘汽车被焚毁。抗日自卫军活跃在土默川平原，多次给敌人以沉重打击。1938年冬，敌人以驻绥主力军将抗日自卫军包围在里素村一带。围攻三天三夜，敌人三次送信劝王世昌投降。王世昌对送信的人说："告诉小鬼子，我是中国人，宁死不当亡国奴！"终因寡不敌众，自卫军被打散，王世昌壮烈牺牲。即便是惨无人道的鬼子指挥官，也对王世昌的遗体深深鞠躬致敬。

3月，国民党东北挺进军马占山部夜渡黄河，攻打托城、河口的日伪军，击毙日伪军多人，烧毁敌军车一辆，打垮了伪蒙古军骑兵四团，缴获了汽车和枪支弹药，活捉了伪蒙古军团长门树森。

同年秋，中共绥蒙工委组建了萨（萨拉齐县）托（托克托县）归（归绥县）工委，领导三县的抗日斗争。不久，党中央、毛泽东主席派遣八路军一二〇师三五八旅七一五团和山西战地总动会抗日游击第四支队组成大青山支队，挺进大青山，开辟敌后抗日根据地。

1939年5月，撤销萨托归工委，成立中共萨县托县工作委员会，属绥西地委领导。同年秋，萨托抗日游击队成立，宋玉森任大队长，韩峰任参谋长，孟铁贵任队长，队员七十多人。

年末，中共萨托工委改称中共萨托县委。1940年上半年，萨托县委的工作开展得轰轰烈烈。下辖西、西南、南、东、中五个区委，二十五个党支部，两个党小组，共发展党员二百五十多名，为上级党组织和军队输送了大批人才和物资。由于工作出色，贡献卓著，时有"东丰凉、西萨托"的赞誉。

1940年，共产党员李达光带领一批抗日人员在归绥、托克托、和林格尔等县开展抗日斗争。

1941年3月，托（托克托）和（和林格尔）清（清水河）游击大队成立，中共托和清抗日政府县长杨岐山兼任大队长。游击队战斗在永圣域、什力圪图、三两、西云寿一带，筹集军需物资，打击汉奸特务，掩护工委和县政府的活动。3月，杨岐山带领五名队员在西云寿筹款时，因汉奸白明谦等人告密，被伪警察、自卫团和保甲团百余人包围，杨岐山和队员们与敌人展开激烈战斗，战斗中，杨岐山和两名队员壮烈牺牲，另有两名队员被俘，只有一名队员幸免于难。

1944年，托克托县祝乐沁村王占瑷等爱国青年组织抗日自卫团，并很快发展到两百多人。翌年4月的一个夜晚，自卫团袭击了古城村日伪警察署，消灭伪警察十人，打伤日本兵一人，缴获大量军需物品。

在中国共产党领导下，托克托县人民和全国人民一起，经过八年艰苦卓绝的浴血抗战，终于把凶残的倭寇赶出国土。

1949年，绥远和平解放。在

和平起义倡议书上签字的三十九人中，托克托县籍的有四人，他们是：张汉琏、阎肃、杨令德、吴桐。

风云人物

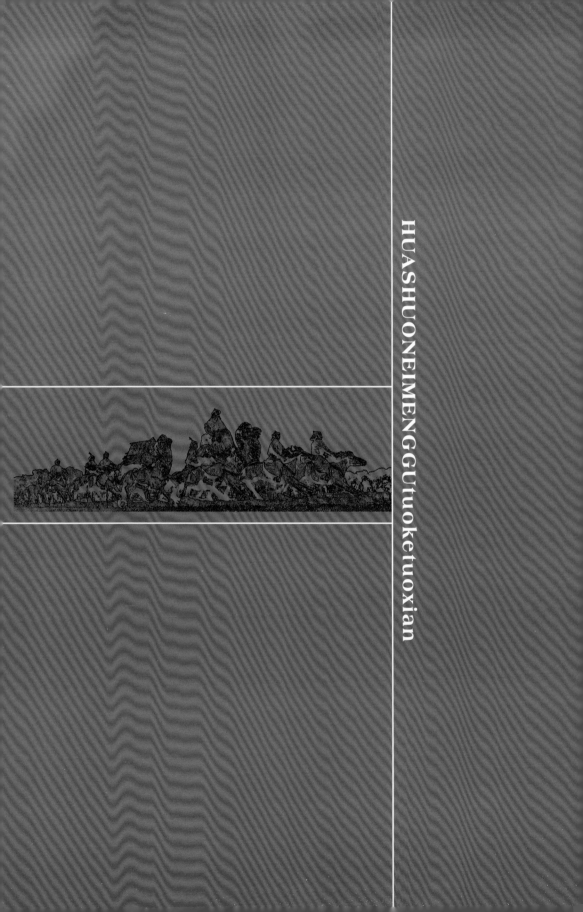

HUASHUONEIMENGGUtuoketuoxian

风 云 人 物

FENGYUNRENWU

托克托县历史悠久、人杰地灵。这里流传着云中太守孟舒、魏尚等人抗击匈奴的历史故事；也见证了李裕智、杨岐山、苏谦益、吴子琴、杨令德等革命先驱的热血风采。

贤孟舒重守云中

汉高祖七年（前200年），刘邦的女婿赵王张敖，带领属下迎接兵败南归的岳父时，竟毫无来由地被刘邦一顿臭骂。

张敖的丞相贯高及赵午等人，都为赵王愤愤不平。两人不顾张敖阻拦，背着赵王密遣刺客伺机谋刺高祖。但行动暴露，刺杀不成，张敖及贯高被逮捕回京城，赵午畏罪自杀。赵王的郎中孟舒、田叔等臣子，甘冒被诛三族的危险，假充赵王家奴，随着赵王一同进京，为主申冤。

到了京城，贯高被酷刑折磨得体无完肤，但一口咬定："谋杀皇帝的事，是我和赵午两个人干的，赵王实不知情。"

高祖知道赵王确实无罪，敕令出狱。贯高狱中自尽。

孟舒大义凛然，慷慨陈词，在金殿为赵王申辩冤情。高祖深为所动，当殿封孟舒为云中太守。

孟舒自任云中太守后，恪尽职守，很受当地军民拥护。

惠帝继位，高后临朝执政，因匈奴屡犯云中而免去了孟舒云中太守的职务。

高后死，代王刘恒立为汉文帝。一天，文帝召见田叔，问道："公知道天下谁是长者？"

田叔叩头而拜，说："依臣愚见，原云中太守孟舒，可算是长者。"

文帝不以为然地问道："先帝让孟舒任云中太守十多年，匈奴侵入，孟舒不能坚守，反而白白死伤士兵数百人，难道长者原来就是要杀人吗？"

田叔叩头答道："当初贯高等谋反，高祖诏书明示，赵国有敢随赵王进京者，杀三族。然而，孟舒自剪头发，铁圈束颈，身穿囚衣，随同赵王进京，只想为赵王而死，岂能知道高祖会封他为云中太守呢！汉与楚相争数年，士卒连日征战，已经疲惫不堪，那时，匈奴冒顿刚征服了北部夷狄，气焰嚣张，屡犯云中边境。孟舒明知士兵精疲力竭，不忍命令士兵出战，而士兵们争先恐后，主动出城与匈奴交战，死而无怨，因此才死伤数百人。这不是孟舒故意驱赶士兵去死战呀！因此，我说孟舒才称得上是长者。"

文帝听了，激动地说："如此看来，孟舒确实是一个品德高尚的人哪！"

于是，又召见孟舒，封他仍任云中太守。

赦魏尚冯唐论将

魏尚，槐里人，汉文帝时曾任云中太守。他关心体贴下属，忠于职守，英勇善战，且云中将士同心，以致匈奴远离云中地区，轻易不敢侵扰。可是，在一次上报斩杀入侵匈奴首级数量时，他一时疏忽，多报了六个，被文帝知道后，下令撤销了云中太守的职务，并受到削爵罚作的处分。

文帝驾下有一个大臣叫冯唐。一天，文帝和他谈起战国时赵国名将廉颇和李牧时赞叹不已，拍着大腿说："唉，可惜我得不到廉颇、李牧这样的良将，如能得到，我何必忧虑匈奴呢！"

冯唐说："请皇上恕臣斗胆，说话冒昧——皇上就是得到廉颇、李牧那样的良将，也不能很好地任用。"

文帝听了，怒气冲冲责问冯唐："你怎么知道我不能用廉颇、李牧那样的良将？"

冯唐回答说："臣听说古代的国王聘任大将，就和大将约定：'都城以内的事，由我处理；都城以外的事，就由将军你自主处理。'李牧带军队在边境驻守时，驻地集市交易的税收全部由李牧用于军士的食用赏赐，赵王从不干涉。因此，李牧才能够充分发挥他的聪明才智，北逐匈奴，西抗强秦，南御韩、魏，破东胡，灭澹林。魏尚任云中太守时，集市税收也都用于士兵的食用赏赐，他还拿出私养钱，每隔五天便杀牛犒劳部属，因此，云中驻军同心御敌，匈奴远远逃避，不敢侵扰云中一带。可魏尚上报军功，仅仅是因为多报了六颗敌人的首级就被皇上撤了职、削了爵，罚做苦工。由此而论，我觉得皇上即使得到廉颇、李牧那样的良将，也不能很好地任用。"

文帝听了冯唐一席话，不仅没生气，反而感到格外喜悦。他当即命令冯唐为使者，持节赦免了魏尚的错误，恢复了其云中太守的职务。同时，封冯唐为车骑都尉。

魏尚复为云中太守，匈奴闻名畏惧，一时不敢侵扰边塞，北边稍得安宁。

李裕智千古流芳

李裕智（1901—1927年），蒙古族，托克托县河口前双墙人，出身于贫苦农民家庭。1918年，考入归绥土默特高等小学读书。1921年，李裕智发动和组织了归绥中学学生同各校学生"抵制日货""反对日资"的活动。之后又参与组织和领导了反对学校当局的"归中学潮"。

1923年秋天，李裕智前往北平蒙藏学校读书，在马克思主义的影响下，于1924年春天加入中国共

1926年李裕智与阿爸于包头留影

产党。

1925年春，李裕智受党的派遣，回到内蒙古开展革命工作，任中共包头工委书记。

李裕智同志来到包头后，建立了秘密的党、团组织，发展了一批地下党员，在工人中壮大了党的力量。

1925年10月，李裕智遵照党的指示，到张家口参加了内蒙古人民革命党第一次代表大会。这次大会通过了反帝反封建的正确纲领，坚持了革命的方向。会上，李裕智被选为中央委员、候补中央执行委员。

这年冬天，李大钊在张家口建立了"工农兵大联盟"，李裕智参加了成立大会并当选为中央执行委员。

1926年1月，李裕智赴广州参加国民党第二次全国代表大会。会上，李裕智见到了革命先驱李大

李裕智

李裕智烈士纪念碑

钊，以及参加大会的毛泽东、周恩来、董必武、吴玉章、林伯渠、聂荣臻、萧楚女、恽代英、邓颖超等无产阶级革命家。当年，在中国共产党的帮助下组建了内蒙古人民革命军，李裕智任副总指挥兼第一路军、第五路军司令。从此，李裕智将主要精力投入这支人民武装队伍的组建工作中。他吸收工人、农民参军，积极争取地方民族武装，以壮大内蒙古人民革命军的力量。同时对伪装革命混入内蒙古人民革命党的中央委员、反动政客白云梯的阴谋破坏活动展开斗争。他率领内蒙古人民革命军骑兵独立旅转战宁蒙陕，并把伊克昭盟确定为内蒙古人民革命军的根据地。

1927年"四一二"政变后，全国大革命形势急转直下。李裕智率骑兵独立旅前往伊克昭盟，同锡尼喇嘛的第十二团汇合，开辟革命根据地。

1927年9月，白云梯公开叛变革命，10月8日，指使暴子清等杀害了李裕智。李裕智为革命献出了自己的生命，年仅26岁。

李裕智是我党在内蒙古地区的早期主要领导人之一，他在短暂的一生中，为党、为内蒙古各族人民的解放事业做了大量的工作，用自己年轻的生命谱写了革命的壮丽篇章。

杨岐山血沃云中

杨岐山，1907年12月23日出生于陕西省府谷县元驼子村一个普通农民家庭。

1927年，杨岐山到绥德县上师范。就在这一年，他加入了中国共产党。师范毕业后，受党组织派遣偕同几位同志，以读书为名去太原搞地下工作，由于初次进城，情况不熟，不久就被国民党发现逮捕入狱，在监狱里他不畏严刑逼供，与敌人顽强斗争，英勇不屈，敌人终因没有得力证据，于三个月后将他释放。

1932年，党组织派杨岐山到府谷县木瓜区工作，并担任区委书记。1933年，杨岐山任府谷县委宣传部长，开展地下工作。1934年，杨岐山转移到府谷县王家墩，与党的工作者韩峰一道组织游击队，开展游击活动，打击地主武装，领导穷人闹革命。

1935年，他离别家乡，到绥远包头西部的厂汗伊勒更等地开展革命活动。

1937年，抗日战争爆发，杨岐山来到大青山，参加了这一地区的抗日工作，并任绥远敌占区托和县（托克托、和林格尔）工作委员会书记。

1940年，建立绥察游击行政公署，杨岐山任托和清县长和工委委员。工委书记由绥西地委常委、民运部长李云龙兼任。他们紧密配合，并肩战斗，一道开展这里的抗日工作。

1941年4月的一天，杨岐山奉命带领游击队二十余人，从大青山下来征集给养，到达县境的什力圪图村后，他将游击队分为三个小组分头进行工作。杨岐山带领一小组五名队员到永圣域地下党员胡三旦家和工委书记李云龙碰头，研究情况。会后决定由杨岐山带领五名队员到北的力图村去筹款。北的力图伪保长阎扣得知杨岐山县长带领游击队来征款的消息，立即和伪主任间长白明谦串通，向古城伪警察署告密。次日清晨，北的力图的保甲团兵二十余人由王占标带领从村东闯了进来，接着古城警察署的伪警长邢喜太带领伪警察和自卫团十几人也赶到西云寿，包围了杨岐山和游击队的住处。战斗打响后，杨岐山一面组织队员还击，一面伺机突围。日伪警察署又调来一百多人，把村子包围得水泄不通。在敌众我寡，十分危急的情况下，杨岐山表现出共产党人的英勇气概，他带领大家坚持战斗，并迅速突围，突围时，游击队员曹五、王高小先后牺牲，杨岐山身中数弹，为革命献出了宝贵的生命，终年34岁。

双河骄子李达光

李达光（1909—1946年）祖籍是托克托县中滩乡柳林滩，1926年初考入归绥师范，同年冬，加入中国共产党。

1927年，"四一二"政变发生后，李因几次参加反帝反日集会，被学校开除，于次年返回河口镇，继续搞党的工作，宣传马列主义。

1931年，李达光入北平宏达学校就读，并参加了党的活动。他常去北平蒙藏学校与李大钊、邓中夏、赵世炎等建立的革命组织的人员来往，受益匪浅，进一步增强了无产阶级革命意志。

1932年5月，河北省委派李达光等3人来绥，很快发展了党员，并建立了中共归绥中心县委。年底，党派李达光到绥西搞兵运。

1933年秋，李达光不幸被捕，越狱后，继续西去执行兵运任务。

1939年，李达光任大青山抗日游击队第二支队参谋长，受命在托克托县永胜域一带开展抗日工作。李下山后，以小商贩为掩护迅速地开拓了局面。

1940年，日寇组织重兵实行大扫荡，到处设卡布防，妄图一举消灭抗日武装。李达光带着游击队员穿过包围圈到归、托、和边界一带开展工作。在当地蒙汉群众的支持掩护下，在归、托、和三县边界什力圪兔、水泉、永胜域、南北的力兔、朱什拉、耳林岱等村开展抗

日活动。1942年秋，形势越来越恶劣。担任绥蒙行署教育处长的李达光，时而化装成医生，时而扮成农民，活动于土默川一带。为了配合行动，他经常往来于和林县哈喇沁一带与活动在那里的托和清县委联系。后来各级党组织奉命转入地下，李仍以走方大夫"王先生"的身份，留在原地坚持工作。后又由平川转到山区，终因积劳成疾，而回家乡疗养。

1945年腊月，由于坏人告密，李达光被托克托县国民党县党部逮捕入狱。李达光在狱中视死如归，与敌人斗争到底，表现了共产党人的不屈不挠的英勇气概。1946年李达光被害，年仅35岁。

鞠躬尽瘁苏谦益

苏谦益同志1913年12月27日出生于托克托县河口镇。1932年10月加入中国共产党。1933年1—4月在绥远中山学院附小任教员。期间他与其他进步青年一道创建了进步刊物《血星》，并任主编。他每个月的工资，除留很少的生活费外，全部上交党组织。

1933年因参加反帝大同盟，苏谦益被捕入狱。1936年7月出狱后，他参加山西牺牲救国同盟会，先后担任晋西北抗日救亡组织牺牲救国同盟会特派员、牺盟会临县中心区

苏谦益

党团书记等职，他组织成立了牺盟游击队，并开赴晋西北抗日前线。

1941年1月，他被组织派往大青山根据地开展游击战争，先后担任晋西北四分区专员、党团书记，大青山绥察行署专员等职，为全面支援抗战，发动群众，筹集物资，补充兵员做了大量工作，为抗日战争的胜利做出了重要贡献。

解放战争时期，苏谦益同志任绥蒙区党委宣传部部长、副书记，在当地进行了土地改革，发展了党组织和地方武装，为绥蒙区的解放奠定了

基础。1948年11月起，他担任绥远省党委副书记，为内蒙古自治区的全面解放做出了重要贡献。

中华人民共和国成立后，苏谦益同志先后担任绥远省政府副主席，内蒙古军区副政委，中共绥远省党委副书记、代理书记，绥远省政治协商委员会主席，内蒙古自治区人民政府副主席，内蒙古自治区党委副书记等。1957年后担任包头市委书记兼市长，负责筹建现代化的钢铁城市。1960年11月后担任华北局书记处书记。他是中共第八次全国代表大会代表，第一届、第二届全国人大代表。为社会主义建设和党的建设做出了重要贡献。

在"文化大革命"期间，苏谦益同志虽遭到残酷迫害，但始终没有动摇对党、对社会主义的坚定信念，保持了一位优秀共产党员的崇

1936年苏谦益（右）在晋西北牺盟会

1949年12月苏谦益（前排左一）在绥远军政委员会就职合影

高品格和理想情操。

1978年9月，苏谦益同志任北京工业学院党委书记兼院长。他依靠党组织，依靠群众，解放思想，实事求是，狠抓校风、学风整治。他

全家福

亲自登门拜访在"文化大革命"中被迫害的专家、教授，在政治、工作、生活等方面关心爱护他们，让他们在岗位上更好地发挥才干。他为北京工业学院的发展建设倾注了大量的心血，做出了重要的贡献。

2007年10月19日，苏谦益在北京逝世，享年93岁。

塞外武豪吴子琴

吴桐，字子琴，回族，1899年生于托克托县的一个武术世家。幼年跟其三祖父吴耀学拳技。小学、中学读书时，文武并进，在绥远第一中学毕业后，吴桐考入北平体育专科学校学习。在体专学习期间，拜太极拳名家吴鉴泉（满族）为师，早晚练武，师必亲临指点，因而得其要领，造诣较深。

吴桐

实了阴把缠枪的内容。

1928年10月10日，中央国术馆在南京举办第一届全国国术国考（旧称打擂）。吴桐代表绥远省出赛，以"三战三捷"的优异成绩击败了强力对手，获得甲等奖。载誉归来，闻名遐迩，为全国武术界侧目，也让内地人对边陲绥远省之武功刮目相看。

1929年4月，绥远省国术馆成立，吴桐任副馆长。国术馆为绥远地区培养了不少武术新秀。

"七七"事变后，吴桐受时任绥远省主席的傅作义将军密遣，以托克托县回族代表身份参加日伪"西北回教联合会厚和回教支部"，做抗日地下工作。吴将获悉的敌人情报用电台报告我军，屡挫

在北平体专毕业后，吴桐被聘为绥远省第一中学体育教师，又得与该校武术教师、著名武术家阴把缠枪能手云连生（蒙古族）共同研究枪法和剑法，从理论和实践上充

吴桐习武

敌伪。

1949年绥远省"九一九"和平起义，吴桐为和平起义签字人之一。中华人民共和国成立后，他担任绥远省政协委员、民族事务委员，后又任内蒙古体委办公室副主任。他多次参加全国、华北及内蒙古运动会武术表演比赛，并多次获奖。

1962年10月，吴桐先生病逝，终年63岁。著有《靠身锤》一书。

革命报人杨令德

杨令德，亦名正堂，1905年出生于托克托县城关镇一个没落的"财主"家庭。因其思想进步，文笔甚佳，1925年《西北民报》社长、共产党员蒋听松邀其到《西北民报》社工作。他到报社不久，便创办了《火坑》周刊。《火坑》是绥远青年自己办文艺刊物的开始，也是绥远历史上最早的传播新文化的副刊。

20世纪30年代初，杨令德与傅作义将军的下属办了"绥远新闻社"，并兼任上海《时事新报》绥远通讯员、《大公报》驻绥远记者。他主编的副刊《十字街头》是传播新文化宣传新思想的重要阵地。他毅然支持在绥远的"托县同乡会"成员武达平（时为共产党员）、章叶频、袁尘影等创办的民主进步文艺刊物《塞原》《塞北诗

杨令德

抄》，并在《十字街头》为之提供园地。

1936年底，杨令德在《西北日报》副刊《边防文垒》上发表了美国记者斯诺写的毛泽东论抗日的文章，杨令德因此被撤职。

1937年"七七"事变后，杨令德辗转到了榆林，以《大公报》驻榆林特派员的身份从事抗日新闻采访报道，出版《塞风》杂志和自撰的《塞风社丛书》。

1938年，杨令德曾因其外甥袁尘影在延安因误会被拘押一事呈书毛泽东主席，请求澄清事实，释放袁尘影。不久，接到毛泽东主席的亲笔回信，杨令德接信后，异常感动，当即回信致谢，毛泽东主席又

给他写了第二封信。杨令德将毛泽东主席的信视为珍宝，历经战乱，珍藏至今。

其一：

令德先生：

先生两信均收到了，因开六中全会，久稽奉复，至以为歉！但袁尘影兄早嘱高岗同志令经手机关释放，谅已获悉。此事不但我不知，高岗、仿吾亦均不知。经手机关根据晋西北材料，遽尔如彼处置，甚为抱歉！尔后此间有何缺陷，倘有所闻，尚祈见告，俾资改进，不胜盼祷！敬复。顺致

敬礼！

毛泽东

十二月十四日

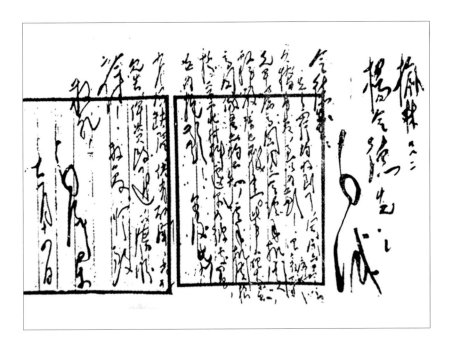

其二：

令德先生：

十二月二十四日大示敬悉，令甥被屈事能邀先生谅解，为之欣慰。如先生高兴来延安一游，甚表欢迎。此致

抗战敬礼！

毛泽东

一月二十二日

杨令德先生是1949年9月19日绥远和平起义通电签名者之一。

中华人民共和国成立后，杨令德先后担任中国人民政治协商会议第六届全国委员会委员、中国国民党革命委员会第六届中央委员会委员、中国人民政治协商会议内蒙古自治区第五届委员会副主席、中国国民党革命委员会内蒙古自治区委员会主任委员等职。

1985年10月21日，杨令德因病去世。

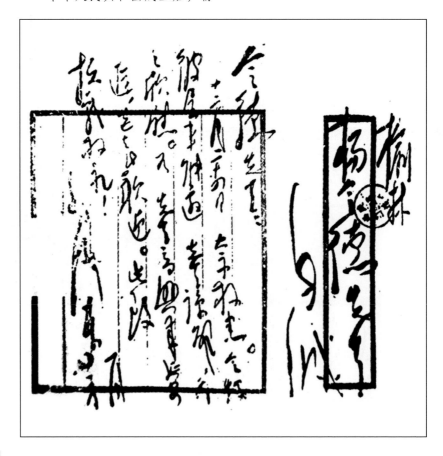

民俗风情

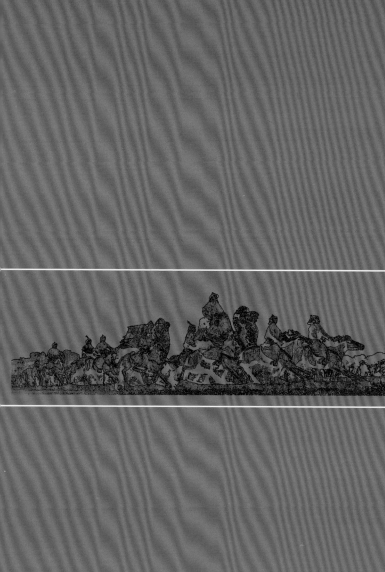

民俗风情
MINSUFENGQING

托克托县位于土默川平原南端，滨临黄河，大黑河与黄河在这里的河口交汇，它们共同孕育了托克托县地区的文明史，也造就了一方地域特有的风俗文化。

活用兵法的捕鱼习俗

大黑河与黄河在托克托县河口交汇，它们共同孕育了托克托地区的文明史，也造就了一方水域特有的捕鱼风俗文化。

托克托县水上捕捞，主要是外河（黄河）捕捞和内河（以黑河为主）捕捞两大类，按季节又有明河打鱼和冻河打鱼之分。其具体的捕捞方式，既具兵法战术意义，又富有传奇色彩。

明河打鱼的常见方式有：

"偷营劫寨"——打旋网

旋网，是一种平展呈圆形的网具。旋网宜在水深数尺的近岸水缓处"喂窝"捕鱼。这种网鱼方式也叫"打窝子"，其最紧要的是"静"。人站在船上撒网，船桨（俗称棹）入水要轻，出水要慢，还不能在桨尾上带出水滴声。船行要稳，棹杆与棹牙不能发出碰撞声。因为响声大了，窝子喂的鱼群就会被惊散。所以，称这种捕鱼方式为"偷营劫寨"。其技巧要求

打旋网

起网

是："左（脚）踏右（脚）蹬，手高膊、肩平，网出如扣锅，落水一条声。""一条声"就是"锅沿"同时落水，发出一个声音，从而使受惊的鱼群本能地向"圆心"的窝子聚集。

"击鼓进军"——拷河网

与旋网打窝方式正好相反的是拷河网。

拷河网一组四只船十个人，两条边船各二人，两条网船各三人。捕捞开始后，两条边船一人敲梆，一人扳船，以时缓时急的梆声驱鱼惊入网膛，网船拖网捕鱼，河网靠响亮的梆声赶鱼、围鱼，声东击西，因此叫"击鼓进军"或"雷鸣击鼓"，它集"围、追、堵、截"诸战术于一役，与旋网打窝时的"偷营劫寨"殊途同归。

拷河网对行船的方向、距离、速度有特定的行话，如"开些""拢些""慢点""棹"等。"开"指两边船距离拉宽；"拢"是边船靠近；"慢"是缓缓而行；"棹"是加速前进。

"埋兵布阵"——麻套套鱼

麻套，一种长方形条网。上边绑缚用荚穗杆切成的一寸多长的短棒，叫"浮子"，借此浮水面使网直立水中。麻套宜在水面宽阔而又不流动的水塘里使用。麻套捕鱼的方法是"套"。鱼触网后，挣扎摆动，被网线层层缚住，失去活动能力，乖乖就擒。麻套有长有短，网帐有高有低，网眼有大有小。一般傍晚下套，清晨取套。麻套多了，可根据水面"埋兵布阵"，或"一溜长蛇阵"，或"九曲连环阵"，或"八面埋伏"等等。麻套套鱼的捕捞方式是"伏击战"，等鱼上网。

麻套套鱼的另一战术是"声东击西""打草惊蛇"，赶鱼上网。用麻套"埋兵布阵"后乘船在网区内敲梆惊鱼，使鱼在惊窜中撞网就擒。

"安营扎寨"——捞包

扎包捞鱼是黑河捕鱼特有的方式，也叫"围城捞鱼"。

扎包的基本方法是：将柳条或荚杆用枳荄编成长条包片，按一定的规则垂直扎在河中，拦鱼进包，然后打捞。扎包的基本形制由城墙、城门、城包、囤子、囤门等部分组成。

城包与城墙斜贴的城门处，是一块水中与城墙挨立、水下不入泥中的活扇儿短包片，只能向城内

捞包

开启，不能向外。受到城墙阻碍的鱼顺墙游至城门，可毫不费劲地从外挤开活扇儿城门进入城中。所谓"城门经常开，只进出不来"。鱼进入城中后，只有一门可通囤子，而这囤门亦如城门，只进不能出。这样，渔夫即可把船拢在囤边，用一个叫捞盔的器具在囤里捞鱼。

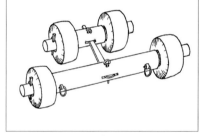

碌砘

"安营扎寨"的捞包捕鱼方式，看似被动，却是"三十六计"中"以逸待劳""欲擒故纵""关门捉贼"以及"诱敌深入"等战术在捕鱼实践中的灵活运用。

当代渔业已从自然捕捞的数量型向人工养殖的效益型转化。黑河下游以今湿地管理区域为中心的精养鱼池绵延十余里。从外地引进的草鱼、鲢鱼等新鱼种已在双河岸畔安家落户。从事科学养殖的新一代渔民正在续写着托克托县捕鱼文化的新篇章。

淡出视野的农耕风俗

明代中期，由于多种社会原因，中原地区不少汉族农民进入塞北草原，从事农业生产，形成"板升农业"。清朝政府实施"招垦"政策，山西、河北、陕西等地的农民大量涌入土默川地区垦荒种地，由初来时的"春出秋回""雁行"作业渐次定居，形成了大大小小的农业村落。托克托地区历经以牧为主—农牧结合—以农为主的历史进程，到清中叶，已基本上成为农业区域了。

悠久的农耕历史，形成了传承经久的农业生产风俗。

春耕

"九九又一九，犁牛遍地走。"播种前先要耕地。昔日农家都用畜力老犁耕地。耕地的季节不同，耕法也不同。一般是在秋天收割完庄稼后，于封冻前将地耕过，叫"翻秋茬"。翻秋茬要深耕，耙糖平整，而且要在第二年春播前用石碌子将耕过的地碌压一遍，以防春风"吹踏"，墒干影响播种。秋天耕不完的地，才春耕。春耕地宜浅，而且必须随耕随耙随种，这样才能保墒保苗。"手扶犁脚踏

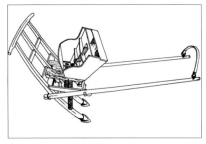

楼

耙，辛苦不到收不下。"耕耙打
糖好的耕地，根据不同作物相应
的播种期，便陆续进入春播的繁
忙季节了。

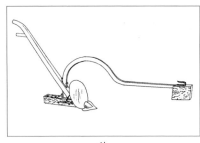

犁

昔日播种工具主要是畜拉的
三腿木楼。种夏田作物时，楼种
后，由耙跟着把垄眼耙平，把籽种
掩埋。种秋田作物时，楼后跟着砘
砘，通过砘砘将垄眼虚土扎实，以
保墒保苗。

夏锄

农历五、六月间，托克托地
区进入紧张的夏锄之际。

当地夏锄分两个阶段：一是
锄草，二是搂地。有句俗语说：
"耕三耙四锄搂八遍，打下的糜黍
八米二糠。"可见，庄户人对精耕

细作有丰富的经验。

六月进入数伏天，"小暑大
暑，灌死老鼠"，此时正是北方的
雨季，也是搂地的最佳时机。"干
锄湿搂，顶如浇油""头伏搂地满
罐油，二伏搂地半罐油，末伏搂地
没情由"。所以，搂地要在头伏
至三伏的20天内进行。深搂过两遍
甚至三遍的地，不仅当年庄稼成色
好，产量高，而且第二年种时庄稼
长势好，地里杂草少。

"锄头自带三分水""天旱
不误锄田"，天旱无雨，勤锄深
锄，可减少地里的水分蒸发；"锄
头自带三分火"，雨涝时勤锄深
锄，可疏松土壤，增加地温，利于
作物生长。

秋收

"麦子不受中伏的气。"搂地
的紧张时期，也正是夏季作物的成
熟期。昔日收获小麦全用手拔。拔
麦是一件辛苦活，特别是胶泥地拔
麦，往往会使手掌血泡连连，加之
正值伏天酷热期，人们汗水淋漓，
浑身燥热，所以有"男人拔麦子，

碾场

女人坐月子"的说法。

"八月收秋，绣女下楼""过了白露没生田"。农历八月，正是托克托地区收割秋田的大忙季节。

昔日托克托地区秋田作物种类颇多，其收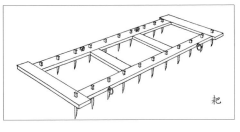获方式基本上有两种：一是用镰刀割，如糜、黍、荞、谷、豆类等；二是用锹掏，如山药、萝卜等。

收秋季节，是农家最繁忙的季节。俗话说："二八月龙嘴夺食。"秋天是天气易变之时，大风疾雨都会使成熟的庄稼遭受巨大打击，人们尤其担心冰雹的袭击。所以，"开镰"之后，庄户人家都是全家老少皆动，户无闲人，早出晚归，夜以继日地收割庄稼。割倒的庄稼该捆的捆，该垛的垛，拉回场面后，切穗，碾打，起场，垛

碾米

秸……一道工序连着一道工序，正是"三春不如一秋忙，打到囤里才是粮"。

秋田打场有不少有趣的风俗。碾场的工具有双马碌碡和单马碌碡。转场时要唱"贺场歌"；起场要上香摆供，还不许女人进场面，不许说"破话"，要吃"起场糕"庆贺。

少量的农作物，不值得用碌碡碾，而是用连枷拍打。

冬储

秋收碾打结束，已是深秋之际。农家一年收获的粮食蔬菜，也相继进入冬储之时。当地冬储的方式大致有仓储、囤储、窖储、瓮储等。

进入新世纪，农村面貌与昔日相比，发生了巨大的变化，传承千百年的农业生产风俗也随之发生相应的变化。一些旧的生产习俗已逐渐退出历史舞台，新的生产风俗正在产生、形成。

随着农村改革的深入发展，托克托地区的农业生产结构发生了根本转变。昔日的畜力耕耘、手工劳作已逐渐被半机械化、机械化的生产方式所取代。农田水利设施的高度发达和配套完善，从根本上扭转了昔日靠天吃饭的被动局面。科学种田为农业向深度、广度发展提供了前所未有的巨大支撑。托克托县

磨面

为适应市场经济的发展趋势，以市场为导向，大力调整农村的种植结构和产业结构，"两高一优"（高产、高效、优质）农业，以枸杞、辣椒、红萝卜、绿豆、茴香、葡萄等土特产品为主的特色农业，近年来得到长足发展。随着地方工业特别是以农牧副产品加工业为主的"龙头企业"的迅速发展，当代农业正逐步向现代农业产业化方向迈进。"观光农业"成为新世纪托克托县农业的靓丽风景线。

水旱码头的交易习俗

清朝中叶至民国初年，河口是塞外著名的水旱码头。适应黄河水运物资的特点，托克托地区形成了以河口镇为中心的独具特色的土特产加工业，并以此带动了地方经济的发展。

乾隆、嘉庆之时，河口即为盐碱囤积聚散之地。盐碱加工相沿成风，当时，河口有较大的碱坊。碱坊收购由大船从黄河上游运来的杭盖湖等地的碱料，用大型铁锅加水溶化，去渣，蒸发水分，结晶为块，再入范制为碱锭。大锭每锭一百余斤。大后套（今五原陕坝一带）、达拉特旗等地产的红柳、枳芨亦为托克托县加工业的重要原料。这些原料都是船工们在产地自割、自掏后，付给经营者适当的粮食等物，再顺流而下运回河口加工。

经营红柳、枳芨加工、销售业务的字号称"山货铺"。一些山货铺同时经营粮油杂货。那时，河口专营、兼营山货的较大商行有庆隆盛、景兴恒、惠德成、玉龙泰等。

红柳为野生木质丛生植物。毛料经分类加工后方可取材为器致用。红柳的主干去枝压直后捆缚成捆，统称"鞭杆"，每捆100根，可作农民所用的连枷、鞭把等。下脚料——制鞭把剩下的粗细毛枝，售

昔日渡口

驴驮

予"笸头铺"的红柳匠，编织为笸筐、筛子、筐篮等各种小篮小筐。河口最大的红柳制品是油篓、酒篓，由篓铺通过特殊的工艺制作。大篓可盛油两千多斤，凭木梯上下取存成品油。

道光年间，河口成为国内最大的甘草码头。甘草的加工、销售曾是河口商业的支柱产业。当时，经营草行的大商号有公义长、裕隆店、庆隆店、荣升昌、庆和成等。甘草加工主要是按质分类，根据种类、粗细分为特等、一等、二等到五等。甘草煎熬取汁，可加工为膏子。

粮油加工及其销售在当日的河口、托城极为兴盛。以经营粮油为主业的"六陈行"大商号有双和店、德义成、宝隆元、世兴店、德和兴、惠德成、德兴泉、永厚泉、大益隆、复兴隆、德兴厚等等。那时粮食加工用的是石碾、石磨。仅河口镇的双马碾磨就二百多盘。传说，"搬倒河口大油篓，油花满河下碛口"。

颇具特色的加工、销售业形成了颇具特色的交易市场。其时，北京、天津、张家口、大同、归化等地的一些大字号在河口、托城有常驻的"坐码头的"（采购员）负责收购托克托县加工出售的土特产品。暂住收购的各地客商络绎不绝。河口由回民金家经营的"福祥号"是宁夏、青海回民商旅的食宿之处。光绪年间，大城市的一些洋

拉纤

行也慕名来托做甘草生意。甘草销往全国各地，出口朝鲜、日本、东南亚乃至欧洲。粮油主要以船、皮筏沿黄河运往山西、陕西。

当时，往来运货的工具主要是船、皮筏、车、骡、驴、骆驼。

河口禹王庙街的"河路社"是托克托县"河路汉"与养船户于清道光年间自发组织的行社。其人数、资金、声誉在县境所有行社中首屈一指。最兴盛时，拥有船工千余人。此外，还有从山西兴县、保德县来托谋生的河路工组织的"兴保社"，后更名为"保兴社"。清时，以河口为中转站的黄河水运上自甘肃中卫县，下至山西临县碛口，航程两千余里。河口日泊商船百余艘，多为"七占"大船。这些商船将上游的甘草、枳芨、红柳、盐碱、皮毛、木材、粮油，下游的煤炭、瓷器、石器、水果等运来河口，再满载各自所需物资，或逆流而上，或顺流而下。下行船进入清水河县境老牛湾及其下游，进入晋陕大峡谷，河道多为断层峡谷，河面狭窄，水流湍急。老牛湾、万家寨、关河口等险段，落差流水形如瀑布，明石暗礁遍布河床。船行此处，托克托县籍的艄公只好让贤于河曲、保德、兴县的老艄掌舵了。顺流如此，逆流返上，其难其险可想而知。以故，上游货船至万家寨以下，多连货带船一并出卖，船工背铺盖徒步回家。而从河口逆流而上的上行船，则主要靠纤夫弯腰弓背一步一个脚窝拉船慢进了。

陆路运货的工具有套子车、大鞍车、"碰倒山"。套子车是托克托县的运输专业户养的二套或三套马车，还有专为客商备乘的轿车。

驼队

渡船

套子车除往返于托克托—归化外，常直达张家口、大同、北京、天津、太原等地。

"骡驴驮垛"是山西河曲、忻县，陕西神木、府谷等地的"下河人"的运货工具。他们驮来瓷器、水果、花椒、苇席、土布等换回粮食、碱锭、鞭杆之类。

来往于托克托的驼队，除西宁人外，多是归化城的回民。托城、河口也有回民养骆驼跑运输。这些驼队从托克托县运货出发，返归化踏上驼道，越草原，过沙漠，汇入旅蒙驼队。

上述交易运输方式不仅在河口、托克托两镇形成繁华的定点大型市场，同时，也在托克托县县境乡村形成定点、不定点的临时性分散市场。

一些商船为获取较大利润，就从河口镇西大黑河入黄河的海口逆黑河而上，在黑河两岸临时设市，骡驴驮垛、骆驼队、大鞍车深入县境各乡村甚至更远。与农民交易的

习俗多是以货换粮，即沿用"以其所有，易其所无"的原始"物物交换"的交易方式，当地人们把这种交易方式称为"鸡换鸭子，两不见钱"。

清朝、民国初期，河口镇以漕运促商运，以加工、销售外地和当地土特产品带动活跃一方经济，这种商业现象颇具令人深思的文化内涵。

从窑到楼的住俗巨变

考古资料证明，距今六千多年前，在今黄河湿地管委会海生不拉一带，就有新石器时期的先民聚

昔日窑洞

昔日民居

居村落。那时的居室，即如《墨子·节用》中所说："古者人之初生，未有宫室之时，因陵丘掘穴而

托克托城一角

宜居家园

处焉。"

而我国北方的游牧民族如匈奴、鲜卑、突厥、契丹、女真、蒙古等，在与中原王朝争城夺地的"拉锯式"战争中，进则将托克托一带据为己有，作为放牧场所，退则暂避锋芒，伺机东山再起，饮马黄河畔。他们的居室则为"穹庐""毡帐"。

明清之际，内地的汉人大量移居托克托，垦荒种地。初期"春出秋回"，雁行耕作。是时，其居室或因陵丘掘窑洞居，或就简陋"牛犋伙房"存身。至今，托克托县不少村庄仍保留着"某某某窑子""某某伙房"的村名，昔日栖身的窑洞依稀可见。后来，逐渐常年定居，居室也由窑洞、伙房而转变为土木结构的房舍。

世居托克托的游牧民族，其居住习俗亦经历了由逐水草而居的游动式"毡帐"（蒙古包）到土木结构的简易"场房"再到定居的房屋的历史沿革。这种居住习俗的演变，记录着这些民族由纯游牧到半游牧再到以农养牧的生产、生活方式的变化历程。上述特定的历史背景，使托克托地区在长达两千多年的封建社会时期，形成了城池与穹庐并存，房舍和窑洞相依的居室特征。清末以来，托克托县已转变为纯农区，这里的各族人民主要以农耕为业。居室以土木结构的房屋为主体。城镇少数人士土房壁以青砖包皮，蒙古包不复再现，住窑洞的人家日渐稀少。

宜居家园

中华人民共和国成立后，县境居民住房发生了巨大变化。昔日低矮简陋的"一门一窗"土坯房，逐渐成为历史遗迹，而今只是偶尔可见。

20世纪60年代新盖的土房，已不再是过去的那种茅庵房，其间架增高加宽，且为满面门窗。70年代，曾兴一种"穿靴戴帽，四角落地"坡式平房。这种半砖木结构的平房是土房到砖房的过渡结构形式。80年代，城乡居民新盖的红砖红瓦两出水新住宅鳞次栉比。进入20世纪90年代，城镇住宅条件极大地改善。集资、购买、自建的住宅楼与日俱增。90年代后期，党和政府加快小城镇建设的战略部署为住宅城市化提供了良好机遇。许多城镇居民将崭新的砖瓦平房出售而集资兴建或购买住宅楼，并广泛使用现代化新材料，采用新工艺装饰装潢，以提高居室档次。当地俗语："口里人有钱供书念字，口外人有钱买房置地。"当代托克托人，在注重对子女教育投资的同时，仍沿袭了讲究住房的传统习惯。

节日礼仪的饮食传承

托克托地区的节日、礼仪食品亦传承悠久，自成风俗。

春节前，家家均置办数量不等的年货。传统年货有油炸糕、油圐圙、炒米、花儿、点心等。据考

面锁

证，油圐圙和炒米本是蒙古族游牧民的日常食品，是为适应游牧生活习惯而特制的便宜食品。吃时，只要煮好一壶奶茶，将炒米、油圐圙泡在奶茶里，既方便又可口耐饥。后来在蒙汉民族长期相处中，这两种食品就慢慢变成当地人们过年时家家必备的年货。不同的只是将奶茶演变成了面茶或红茶（用砖茶滚的茶）而已。腊月二十三，家家或多或少都要买点麻糖祭灶，所谓"二十三，祭灶麻糖把嘴粘"。中午，都吃油炸糕。除夕夜、大年初一吃饺子，正月初十吃莜面，清明节蒸寒燕燕，端午吃凉糕，中秋节烙月饼，腊八吃腊八粥等，节日食品相沿至今。

节日食品的传承，各自有着形成的历史缘由或民间传说。

礼仪食品，种类颇多。诸如春节祀神的花花、枣山山，中元节蒸面人、面鱼，孩子圆锁的面锁儿，老人过寿的寿桃，婚礼中的探话点心、茶、酒、肉、哄婆食，丧葬礼

爬娃娃

中的三牲、大供等等。

节日、礼仪食品除食用价值外，有许多同时也是颇具欣赏性的民间工艺美术制品。

源远流长的人生仪礼
诞生礼

诞生礼是人生的开端礼。它的特点是持续时间长，中间环节多。诞生礼仪不仅表现在婴儿出生之时，在婴儿孕育期乃至出生后的一段时期，都伴随着许多相应的礼仪，这些都统称为诞生礼仪。

求儿女。求儿女有两种情况：一种是婚后不孕者；一种是有女无儿或有儿无女者。

托克托地区昔日求儿女的仪式颇多，主要的是向"三霄奶奶"和"送子观音"祈赐儿女。

昔日，托克托城乡都建有奶奶庙，奶奶庙里供奉着云霄、琼霄、碧霄（也称碧霞元君）三尊塑像。传说碧霞元君生于农历四月初八日，亦说生于四月十八日，民间故于此二日举办奶奶庙会。以此，托克托县民间有四月初八家家开窗户"放儿女"的传统习俗。

每年四月初八或四月十八庙会正会日，城乡求儿女的妇女，清早起来，素食净身，（行经妇女不得进庙，可由其婆母或母亲代之）精心梳洗打扮，携带胡油、供品、香表，赶往奶奶庙，向奶奶圣像叩拜讨愿求子，俗称"送油香"。

庙里的和尚将早已捏好的泥娃娃摆在香案上。有求男孩的，和尚便用提前和好的莜面捏一个小巧男性阳具（俗称莜面鸡鸡），粘在泥娃娃两股间。求儿妇女或"偷"吃莜面鸡鸡，或把安上阳具的泥娃娃"偷"回家中，虔诚保存。若真的生子，即持礼上庙还愿，并将所偷泥娃娃送还庙中。

民间尊奉观音，不仅认为她能救苦救难，普度众生，而且还能为人们送来子女。

据称，农历二月十九日，是观音的降生日，托克托县民间此日举办观音庙会。人们尤其相信二月十九日观音生日时求儿女最灵。向送子观音求儿女的礼仪与向三霄奶奶求儿女的礼仪基本相同。有的求子并得子者，还于次年观音庙会期，抱子至观音圣像前献礼还愿，皈依寄名，以求儿女健康长寿。

除了向神灵求子女之外，托克托地区还有逛"九曲"偷灯，求麒麟送子等习俗。

妊娠：妇女怀孕，当地俗称"有了""有喜"。

为确保胎儿正常发育，分娩时母子平安，孕妇在饮食、行动等方面有诸多避讳、禁忌。

妊娠期间，丈夫、家人尽量避免孕妇生气，怕"气冲伤胎"。让孕妇适当减轻劳务，尤其忌"发重力"，怕造成流产。别人不得强拉硬拽孕妇的肩膀、手臂，怕"摘脱奶饼"。对孕妇不得谈论"怀孕"方面的事，尤其禁说难产、怪胎之类的事例，怕引起孕妇紧张，以致难产。

怀孕期间，孕妇的行动有诸多禁忌。两个孕妇不得面对面坐，更不得同炕并睡，否则会"换胎"——即本该生男却换成了对方的女胎。

孕妇禁止深夜外出，更不许户外露宿，否则会撞见鬼祟、秽气，损伤胎儿。晚上睡觉，不得裸露腹部，更不能被月光照射，否则会生怪胎。

孕妇迈步忌跨牛缰，否则，就会像牛的怀胎期一样长；忌跨秤杆，过去的秤十六两合一斤，孕妇如跨了秤杆，妊娠期就会从10个月延长到16个月。

孕妇走路，要快慢适中，体态端庄，不可东张西望，左顾右盼。否则，生下孩子"贼眉鼠眼"（行为不端正之意）。

怀孕期间，孕妇要情绪稳定、平静，不得生气动怒，不得大喜大悲，也不宜纵声谈笑，污言秽语。故此，要求孕妇避免在人多嘈杂的地方露面。赌场、戏场更是孕妇禁去的地方，红、白事宴之类的大型活动也不宜参加。

孕妇在饮食方面的禁忌也有不少说道。

忌吃兔肉。兔嘴三瓣，孕妇吃了兔肉，就会生"豁唇"儿。

忌吃骡、马、驴、牛肉。孕妇吃了这些大牲畜的肉，怀孕期就会由10个月延长到12个月。

忌吃狗肉。现在被视为美食的狗肉，托克托县民间原为忌食之物。孕妇如吃了狗肉，生下的孩子就会像狗一样"见人就咬"。

忌吃生姜。鲜姜外形"多指"，孕妇吃了生姜，就要生"六指"子。

忌食鳖肉。孕妇吃了鳖肉，生下子女脖子短，俗称"平地安锅"，影响容貌。

忌食葡萄。吃了葡萄，会生"葡萄胎"。

对怀孕妇女从言语、行动、饮食乃至精神情绪等方面的诸多限制、禁忌，不仅仅是对孕妇本人的保养，更注重的是对胎儿正常发育的保护。因此，有人把这些都称之为"胎教"。

分娩：昔日，由于广大人民群众物质生活水平低，医疗条件差，不少产妇在分娩时由于难产、出血过多等原因致死。当地至今仍广泛流传着这样一句俗语："坐月子是水瓮沿上跑马！"以喻其险。

分娩前一个月内，孕妇的母亲即到女儿家"守月子"。当地习俗，头胎产妇"坐月子"所需的食物如小米、豆面、红糖、红枣、调料乃至做饭点火用的火柴，还有婴儿用的被褥、枕头、衣帽、尿布等全由产妇娘家负担。这些东西或是在产前送到女家，或是在产后三日内必须送到，如上述物品不齐备，就是失礼行为，就会遭到婆家方面的责难和街坊邻居的嘲笑。

当地产妇分娩时，闲杂人等不许进入产房。外姓寡妇、不生育的女人、未嫁女子，都属禁忌之例。男性至亲，包括产妇的丈夫，也只能在另室或产房外静候产房消息。当地俗传，产妇丈夫若在产房，产妇的阵痛期延长，需待数完丈夫的头发才能生下。

如果胎衣迟迟不下，产妇的丈夫就端水上产房顶，把水倒入烟囱里，且边倒边喊："下来了没？"产房里的人就应声答道："下来了！"这叫"接口气"。据说这样胎衣就会顺利而出。

头胎男孩的胎盘，需由其父亲用两个新碗合扣，埋在产房的门槛下，意为儿子可"顶门垫户"，传宗接代。如是女儿，胎盘就埋在院外，表示闺女是外人。

三朝：生子第三天，古称"三朝"。这一天，要为新生儿洗净全身，故又称"洗三朝"。三朝洗儿的同时，还有用草药为新生儿"落脐灸囟"的仪式。当地，洗三多用艾叶、花椒等熬汤为婴儿洗净全身。特别是女阴部分，更要洗干净，否则，会留下终身痒疾。

小儿落脐后，当地多用杏核烤焦研磨成的油汁涂抹脐口，可防止感染。

托克托地区近代"送三朝"的礼物较轻，多是产妇的至亲女眷携带几斤白面、大米、红糖、饼干之类来看望产妇母子，俗称"眊坐月子"。一为祝贺"添人进口"之

当代圆锁仪式

喜，二看产妇母子是否安康。

昔日，三朝为小儿命名日。

过满月：男孩出生十二天，女孩半月，以及满月、四十天、百岁（100天）均为周岁前诞生礼过渡性的祝贺之日。其中以过满月仪礼为重。

满月日，亲戚、朋友携带布料、小儿衣服、被面或现金前来祝贺，东家设席款待。席间，小儿由其姑姑抱上，转各席面。赴席之人，依亲疏、辈分均付小儿"长命钱"，并致祝贺之辞。此俗名"转桌桌"。"长命钱"悉归产妇。如恐婴儿转桌感受风寒，则以婴儿所戴小帽代之。

其日，婴儿即使不行转桌之礼，也务须抱到别屋稍待一时，以表示此儿今后便可安然无恙地外出了。

昔日满月日还兴"剃胎发"仪式。此俗至今犹存，但仪式简化。胎发多是家人剃，也无什么仪式，但须用红布将胎发包好，缝在婴儿枕头上，不可乱丢，否则，会"气"着婴儿头发，今后会成为秃顶。

过生儿（周岁生日）：小儿周岁，古时举行"抓周"仪式。据传，托克托县早先在县城的仕宦大贾家中有过"抓周"之举，但在普

银锁

通百姓家中并不流行。当地民间为小儿过生日，盛行"锁关"风俗。小儿周岁生日，其姥姥、奶奶要为其辫锁儿。锁儿用红线或蓝线栓铜钱制成。第一个生日栓三枚铜钱，天一枚，地一枚，本人岁数一枚。如无姥姥、奶奶，则请本村品德端正，父母俱全之妇为其辫锁儿，并认为干妈。（辫锁儿从周岁生日开始，每年生日一盘锁儿，加一枚铜钱，直到十二岁圆锁。圆锁后，将十二盘锁儿的线辫成裤带，系上可祛邪长寿。）

有钱人家，生日贺礼送银镯、银锁。银锁是精致的工艺品，常见的有"长命百岁""状元及第""五子登科"等类型。

过生日时，从晨到晚"长命灯"不熄。姥姥及女方至亲要蒸面锁儿。其日，将线锁戴于小儿脖子上。中午，再将姥姥的面锁儿象征性地与小儿戴戴，此为"锁关"仪式。

圆锁：昔日汉族圆锁，礼仪略如周岁生日，只是规模稍大而已。蒙古族的习俗是生子后，仅留囟门一撮"马鬃"，其余头发全都剃光。十二岁圆锁时，到奶奶庙以驴还愿后，始留满发，称为"十二和尚"。满族亦有此俗。

传统圆锁只是口头给话，邀请至亲，当日设宴待客，行"开锁"仪式。客人贺礼轻，东家宴席简。

婚礼

托克托县从古至今，便是一个民族杂居区。各民族的传统礼仪文化在历史传承演变中相互融合，即使是中原汉族传统习俗，在这里也自有地区特色。

一、汉族婚礼

古代为婚礼制订了"六礼"，即：一纳采；二问名；三纳吉；四纳征；五请期；六亲迎。"六礼"在婚礼发展中尽管因时因地有了许多变化，但其"基本精神"对我国历代婚礼的演变起着主导作用。

托克托地区汉族传统婚礼大致有"提亲""订婚""交水礼""探话""下茶""娶

亲"、"回门"等几道礼仪程序。

提亲：昔日，男女婚姻无自主可言，更无恋爱之说。婚姻谓之"终身大事"，择定权力却均赖"父母之命"，而"父母之命"又往往听信"媒妁之言"。

旧时，民间有专门从事男女婚配的职业媒人，有女有男。男娶女嫁多是由媒人先从中牵线，得到男方父母同意后，男方家便请媒人到女方家提亲，若女方父母同意，便把男女双方的生辰八字写在"生时念单"上互换，各经阴阳先生或算卦先生卜算，如无"妨克"，即为"合婚"，方可议婚。

媒人提亲之际，男女双方都对对方家境、人品予以查访了解。乡间农家注重门当户对，尤其女方家，一般人家不愿攀高结贵，担心门庭不相当，婚后女儿受虐待，受亲家歧视。男家亦愿与相当之家或稍不如己的人家结亲，为媳妇过门后好相处。这是古代婚姻禁忌之一"贵贱不婚"的传统观念的顽强承袭。门户之外，人们更讲究人性善良，"根正苗正"，希求和好家庭，厌恶争斗之家。乡间素有"穷没根"之俗语，虽丑亦多不嫌，普遍遵循"人好不如性好"、"人头不能吃"（长得好看也不能当饭吃）的择婿标准。

订婚：如果双方符合合婚条件，两家再经过其他方面的相互了解，彼此都愿结亲，就再行"互换龙凤帖"仪式。龙凤帖是一方红纸裁成的正方形纸块，男方的帖上写"凤落宝山"四字；女方的帖上写"龙飞吉地"。媒人将双方的帖互换，并明确告知双方已定的彩礼嫁衣之类，婚姻关系便正式确定了。

交水礼：订婚之后，男方需通过媒人向女方家先交付部分彩礼。交水礼时，男方需向女方家送一条羊腿，而且是里前腿——寓意媳妇过门后，"不走外路"。另有二十四个白面点心，一方茶叶，两瓶喜酒。

上述提亲、订婚、交水礼等婚礼议程，即古礼之"纳采"、"问名"、"纳吉"、"纳征"的衍变形式。

探话：男方家将女方家所要彩礼全部付清，婚前所需备足，即可举行探话仪式。探话就是双方议定娶亲吉日及相关事宜。探话时，男方家需派一位主事人与媒人同去女方家。所携礼物大致与交水礼时相同。如女方无异议，女方家就用男方家带来的酒肉招待男方家探话人，俗称"破费"。破费了男方家礼物，即表示"探到话了"。如不破费，即需再探。

探话时，男方家在蒸探话点心

的同时，要蒸一对喜兔，一只留在自家，另一只随探话点心送往女方家。

娶亲吉日议定，女方家便将男方家送来的探话点心分送聘女时要请的亲戚，告知聘女日期。男方家则书写请帖，分送亲戚，通知娶亲吉日，俗称"撒帖"。

下茶：这是娶亲前的最后一道程序。男方家请媒人在娶亲前几日再到女方家拜访一次，询问女方家在娶亲时还有何未竟事宜或要求。

亲迎：婚礼中最隆重也是最繁琐的一项议程是亲迎，即娶亲。

亲迎吉日的前一天（俗称"安鼓"），一切准备工作必须就绪。院口、屋门、车轿等处张贴"囍"字。此外，厨具如锅沿、糕瓮之类，亦以红细绳围系。新房门窗要贴对联，俗称喜对。

昔日娶亲，均用花轿。贫者一乘，富者二三乘。花轿之外，另备车马为娶送客用之。

托克托县习俗，娶亲用轿，必须有鼓乐班子（俗称鼓匠），如无轿，则鼓匠断不可用，用则不吉。故此，旧时鼓坊（专营鼓匠生意者）并设花轿、布篷、娶亲新人衣冠（俗称硬衣硬靠），以备迎亲租赁。

安鼓当日晚饭后，东家（娶亲主家）需备宴席款待来贺嫡亲，此宴称宵夜酒。宵夜酒的一个重要议程是拟定第二日拜人礼单。托克托县传统拜堂礼俗有"里三堂""外三堂"和"混三堂"。但因客人来自各地，各地礼俗有异，有时彼此争执不休，难以统一，故又有以遵循当地传统礼俗为准之习，所谓"走胡地随胡礼""随乡入乡"。

昔日开拜人礼单，先列天地，依次是三代宗祖（拜家谱）、先生、宾公（媒人）。"先生"特指孔夫子，是尊师重教的良风体现。

宵夜酒席的另一个重要议题是确定娶亲人选。按照托克托县传统礼俗，陪伴新郎娶亲的人需男女配伍，讲究"去单不去双"（连同新郎），一般以七人为宜。除新郎、伴郎外，尚有大客二人（应由新郎舅父和伯叔充任），女娶客一人（托克托县历来流行几句顺口溜，概括了女娶（送）客的习俗和禁忌：姑不娶，姨不送，姥姥送在金圪洞，姐姐送了妹子的命），另有挟红毡兼响炮一人，车倌一人。

是夜，女方家亦如男方家。所不同的是，女方家不行拜人礼，故吃宵夜酒不必开拜人礼单，唯议定送亲人选。同样去单数，与男方家合数为双。除女新亲外，男新亲包括新娘舅父、伯叔各一，兄或弟一人押轿。

娶亲走时，需为女家带白面

点心、黍面油炸糕。其数量各地不一，多为各四十八个，称之为"离娘馍馍离娘糕"。另有喜酒两瓶，猪肉一方，茶一方，面捏喜兔一只。此外，还要娶女羊一只。娶亲走时，新郎身穿租赁的"硬衣硬靠"，交叉披挂红绿彩带，喜气洋洋坐于轿中。娶亲诸人俱挂"喜红"（红布条）。

至新妇家，送亲人分男女各迎娶亲者于门前，下车后，男女送亲人分引男女娶亲分家暂息，娶亲落座，茶饭款待，娶亲人吃饭之时，新妇即着嫁妆，妆罢，女方代东人告知娶亲人，娶亲人按序排列当院，新婚跪于院中，伴女婿念词邀请女方家人为新婿插金花，词如：

新人跪在天地，不知尊卑长上。

请宾公达知东家，请内弟插金花。

先请老小娘舅，姨姑表叔。

远的亲，近的朋，诸位在场看的人。

请新人，各位施一份全礼。

女家也有人答词：

今日新人本是登科之日，状元之体，哪有叩头之理？

但等二日天明，登门者叩拜。

爆竹一声，上马高升。

双方念罢，新婚内弟为新婚插金花，插金花毕，伴女婿给插金花钱。新妇以红纱蒙面（古称盖头），由其弟或兄肩扛至轿前，脚踏轿槛（不得着地），倒退入轿，且要泣哭，以示离亲思绪。女家为男家回送馍、糕，名为"哄婆食"，把婚家探话时带来的那只喜兔与娶时带来的喜兔用红头绳连接，回回娘家。同时要取一瓶娶亲带来的酒，将酒倒下，在空瓶内装少许米，插一根枝正叶茂的大葱，带回婚家——此谓女到男家栽根立后，且要根正苗正。诸事具备，鸣炮，鼓乐，车轿启行。

迎亲花轿至男家村口，早有二人手执火把伺待，花轿到，由持火把者接引至男家院口，院口结彩挂灯，火把分插院口两边，男女新亲由男女娶亲恭迎下车，别室款待。新妇婆母持油碗小勺，将油用勺淋于火把上，俗称"撩油"，边撩边念："一勺勺，两勺勺，过年养个圪挠挠（胖孩子昵称）。"新郎之妹捧铜壶、冰糖、脂粉至轿前，撩起轿帘，将糖少许捺入新妇口中，意取新妇进门后"嘴甜"，叫婆"妈"，称公"爹"。并以脂粉轻敷新妇面，谓之"点粉"。此礼毕，男家婚礼之代东或记账先生持五谷、枣、桃、铜钱等至轿前，口诵吉词，请新妇下轿。颂词各异，今择一例：

今日添喜又添财，周公八卦定安排。

宪书择下良辰日，请得新人下轿来。

此词念罢，有人在轿前铺好红毡两块，予选择好的"全福人"（双亲俱在）撩轿帘，挽引新妇下轿。新妇手捧一个用红布包裹的酒壶，俗称"保平壶"，脚踏红毡缓行。两块红毡由专人递接而前，（此为"传席"或"传代"古俗）务使新妇脚不沾地。此时，代东或先生面对新人，边倒行撒五谷边高声祝词：

一撒诸神退位，二撒白虎两开。

三撒三阳开泰，四撒四季平安。

五撒五谷丰登，六撒鹿鹤同春。

七撒七子团圆，八撒八仙过海。

九撒九世同居，十撒新郎中状元。

此即"撒帐"习俗，撒帐毕，有念喜人接念：

新郎头上一枝花，荣华富贵头一家。

新郎头上两朵花，门当户对两亲家。

念喜毕，新郎导引新妇同至院中早已布置好的天地牌位前，行拜天地之礼。拜桌上除天地喜神牌位外，还有香斗、弓箭、尺子、镜子、梳子、剪子、秤等物。所摆物件，除妇女梳妆针满用具外，之所以有秤、尺子，是祝愿新人婚后处事待人心出至诚，行事公道。拜天地时，新人要行六跪六叩首六鞠躬的大礼。拜罢天地，新婿胸系铜镜，背插弓箭，在代东人祝词中与新妇步入新房。祝词如：

手执藤条保雕弓，搭上雕翎箭四根。

请新人入洞房，天仙织女配牛郎。

五年连生三贵子，状元榜眼探花郎。

新郎新娘进入洞房门口，新郎立即挽弓搭箭，向洞房四角各射一箭。此时，外观之人争打喜房窗纸。这一习俗，相传是为驱逐新房之内"邪气恶煞"。

新妇进喜房，坐妆新被上。新郎挑盖头，并用梳子在新妇发上梳三下。梳头妈妈（婶婆任之）为新妇解鬒髻梳转子。此俗或为古礼"结发""合卺"的演变。

新娘梳头后，其小姑（夫妹）端洗脸水、盥具请洗尘，新娘洗手，付小姑洗手钱以致谢，此俗为古婚礼"沃盥"遗风。新妇稍事休息，即为全福人礼请行拜人大礼。

拜人时，由代东人充当司仪，照昨晚宵夜酒时所列出的拜人礼单，按序逐个请拜。伴女婿手端接礼红盘，听司仪吆喝请谁，即到其前揖礼，被拜人掏钱付拜礼。伴女婿将钱交司仪过数，由先生记上礼单。司仪当众宣告拜礼数，新人叩头礼拜。当拜到新人同辈中可与伴女婿耍笑之人时，彼此逗乐，以渲染婚礼喜庆欢乐气氛。

拜人结束，即是一段"戏妇"插曲，俗称"耍笑"。此时，耍笑都是围绕新妇进喜房一事而进行。

新妇欲进喜房，耍笑者不许，提出各种条件，昔时多以新郎抱新妇抢入喜房为止。

新妇进入喜房，代东人即安排中午宴席。旧时此宴，有一套甚为繁琐的座次礼仪，不仅有正席、副席之分，而且有上四席、下四席、正房、偏房、屋里、篷内、炕上、地下、男女、先后等别，同时，在陪席人选上也有讲究。为避免因安排不当，得罪亲友，代东人除需精心安排座次外，尚需在辞令态度上谦恭周到。因赴席人多，且又先后分桌入席，为能同时礼告诸亲，故有"安席"之俗。安席有"安席歌"。安席歌因人而异，但其主旨均同，多为礼谦敬让之意。

客人入席后，代东人吆喝厨师、端盘人下菜，还有"下菜歌"。席间，东家、新人向客人敬酒，有"敬酒歌"。在新亲席上，厨工还需向新亲敬酒，从而有"厨工敬酒歌"。名谓歌，既不唱，又不同于快板书，而是以"说"的声腔表述，民间称之为"说道"。为适应这种说道的表演形式，代东歌在遣词造句、辞章结构、合辙押韵等方面，自有其独特的规律与风格。

新婚夜，新娘有彻夜守喜灯之俗。此夜，要由新婚姐（妹）夫为新人做"一桌饭"。此乃古代合卺交杯婚俗的简并遗风。

新婚夜，素有"听房"之俗。听房人多是新人嫂子、姐（妹）夫之类。听房如有所获，则成为取笑新人之料。其夜，尚兴偷新人衣服，将所偷衣服，于第二日回门前，作为换喜糖之物。

回门：新婚第二日，新婚夫妇回到女方家（古称"归宁"）。新婿初进丈人家，要吃"下马饺子"。此饺按俗由新婚之小姨子（妻妹）、大兄嫂（妻嫂）等制作。往往在少数饺馅内包进过量花椒、辣椒等调味品，故意让新婚吃，以取笑逗乐。女方家此日中午设宴款待新人及亲友，宴礼同夫家礼俗。新人回门，有的住夜，有的不住。

新人回门走后，夫家重糊新房被打破的窗纸。窗纸上，还要粘贴由新婚嫂子、姐（妹）夫等用红纸剪的诸如男女接吻、拥抱、裸体男孩、红鞋之类图样。

拜年：新婚第二年正月，新婚夫妇同往男女双方近亲家拜年，先拜夫家亲，后拜妇家亲。无论夫家还是妇家，都要先拜娘舅家，再拜其他长辈家。

二、蒙古族婚礼

蒙古族定亲，不写婚书，不议彩礼。定亲日，男方送女方一个

"五叉"、五十个点心，作为定亲礼。五叉是一只分割为五大块的全羊肉，煮熟，拼为整羊呈卧姿置于大木盘或案板上，吃时用小刀割，称"放五叉"。

蒙古族迎亲俗称"倒安轿"，即迎亲吉日新郎及伴郎、大客到女家，当晚不归，第二天才娶妇回家。

蒙古族亦如汉族，称新婚吉日为"登科之喜"，所不同的是，汉族新郎此日为"文状元"，故多坐轿娶亲；而蒙古族则以新郎为"武状元"，故骑马。新娘或乘马或坐车。新郎披彩绸，背一弓三箭，与娶亲人按择定良辰启程。走时，再带一只"五叉"，作为女方当日待客之食。女方只将五叉羊头回归男家。

新郎至女方家，当日饮茶、吃饭不得上炕。饭后，一一拜见女方家亲族长辈之后，在女方家族戚陪同下，至女家坟茔祭奠。

当晚，女方家以"讨名字"的形式戏耍新郎。新娘被嫂嫂、姊妹们围坐炕上，新郎、伴郎跪于新娘前，与诸亲敬酒，然后向新娘讨问名字，新娘故意不肯说出，嫂嫂们也有意刁难新郎，直到新娘说出自己的名字后，"讨名字"的仪式才告结束。然后，嫂嫂、姊妹们把一丈多长的绸帛腰带系在新郎腰间，

分拉一端使劲拽扯，以逗笑娱乐。

第二天娶妇回家。新娘上车前，先乘马在娘家院里左转三圈右转三圈，并将手中预备的五谷、筷子抛撒院中，俗叫"撒五谷"，然后，由其兄抱上车。

新郎上马后，挽弓射一箭于岳父家窗户，第二支箭从新娘所乘轿车顶上越过，之后启程。

蒙古族送亲除父母外，其他亲友皆可，而且人数不限，娶亲路上碰到的人，无论亲疏，只要愿意加入送亲行列，也将受到欢迎。

娶亲路上，扬鞭策马，尘土飞扬，一为展现"马背民族"彪悍英姿，也为赶在吉时回家。

娶亲队伍将进男方家村时，男方预先等在村外的迎亲者为送亲诸人逐个敬酒后，娶亲送亲双方复上马。娶亲方选一好骑手，手持女方回的五叉羊头，纵马奔驰野外。送亲诸人随后追逐，以刁得持羊头者的帽子为胜。此俗既是婚礼仪式，亦为双方骑术表演与竞赛。

刁帽罢，娶亲车马方进新郎院。新娘由其兄或弟从轿车上抱出，新郎用剩下的一支箭的箭头为新娘分开头发，将箭插于新房屋梁上。男方选好的"梳头妈妈"为新娘梳好头，即开始拜灶。

新郎家预先缝制好一个专为拜

灶仪式用的"日月布袋"。布袋长尺许，宽七八寸，两宽一长缝边，剩一长边留口。布袋中间缝一竖道，一分为二，一边绣日，一边绣月。拜灶时，新郎、新娘面向灶，共跪于五叉羊的皮上。新郎将左手插于绣有太阳的小袋，新娘将右手插于绣有月亮的小袋，在婚礼主持人的指令下，共行拜灶礼。

新婚第二天，新郎、新娘在主持人带领下，逐桌挨个为前来参加婚礼的亲友敬酒、满茶，并介绍亲戚关系，这一仪式称"认大小"。

回门则在半月之后。

喝酒、唱歌是蒙古族婚礼中的重要组成部分，也是昔日蒙汉婚礼的相异之处。蒙古族婚礼中的酒歌相当丰富，它使蒙古族婚礼的喜庆气氛更浓烈，场面分外红火热闹。祝福新人，亲友敬酒，宴席对饮，例有歌声相伴。事宴中忙中偷闲，众亲朋欢聚一堂，在乐器伴奏下的对唱，尤令人击节赞叹。此时，不论男女，无分长幼，纵情欢歌，无所讳忌，你起我接，我出他对，即兴编词，张口成歌，一曲既起，不绝于耳，往往欢歌终夜。

丧葬礼

丧葬礼仪是人生仪礼中的最后一项礼仪，是生者对死者的哀悼、思念的感情寄托仪式，同时也是对死者人生旅程终止后的慰藉和评价。因此，人们历来对丧葬礼分外注重，特别是安葬老人，更不愿草率了之。

托克托地区以土葬为主，其主要仪式为：

小殓：人将死时，古称"属纩"。人在弥留之际，人们总习惯以手罩鼻，试其是否有气息。当其将断气时，便将寿衣穿好，把"口含钱"放入死者口内上下牙之间，口含钱多为银圆，贫者以耳环代之。穿衣后，将烙好的拇指头大小的面饼装入衣袖内，饼数需与年龄相同，俗称"打狗饼"（迷信说法，阴界有饿狗争尸，以饼喂狗，即可逃身）。之后，用麻披将手足束扎，取家门一扇，置于炕上，移尸于门上。停尸毕，在尸前头底放一矮桌，桌上设水灯一盏。子女跪尸前就水灯燃纸钱，举家痛哭告哀。

大殓：托克托县人称大殓为入殓，一般务于死亡当日傍晚进行。殓前，孝子需穿丧服（俗称戴孝）赴亡者主家（男舅家，女娘家）讣告，俗称报孝。并请阴阳先生书符念咒，择定下葬吉日，写"告牌"。告牌写明亡者姓氏名讳、生卒时辰，并分列嫡亲近支家族晚辈姓名，而女儿不列其中。以白布缝制状似鸡形的布袋，由亡人长媳长女相携用菜刀掘院外土充实布袋，作为亡人头枕之用——此为装土鸡。

尸体入棺时，禁哭。解去束手足之麻，盖棺后，以木钉虚钉棺盖，以便"开光"启盖，殓毕，诸亲才纵声痛哭。

守丧：尸体入殓后，多以阴阳先生选定的方位暂厝灵柩于简易灵棚之内，自此至下葬之日，为守丧期。守丧期内，灵柩前摆灵牌、水灯、大供（由长女用麦面蒸馍十二个，俗称"爬灵供"）。棺盖上放亡者生前枕头和一无耳瓷罐（俗称遗饭罐），每顿饭添少许于罐内。

服丧期间，有诸多禁忌，如男不理发，女忌脂粉等。孝子孙披麻戴孝，讣告亲友。昔日富家讣告四门亲家（媳之娘家，女之夫家）及亡者姐妹家，要送白布。凡接送布者，至下葬日均需为亡者置办摆祭物品，耗资颇费。

守丧期间，孝子女早、午、晚必须跪灵前烧冥纸哭祭，禁烧哑钱。守丧期，除筹办事宴席面所需外，还需为亡人做纸货。纸货类别颇多，均以荌杆或向日葵杆为框架，外用彩纸裱糊而成。常见的有亡人灵牌、长钱、金童玉女、金库、银库、摇钱树、聚宝盆、宝莲灯、车马屋宇、金银靠山、鹅头大幡等等。

守丧期内，要筑好墓穴。发引前一日，孝子孙披麻戴孝，到别家树林砍一小柳树，由阴阳先生剪一长条彩纸幡挂于树头，俗称"引魂幡"。出殡时，长子或长孙扛引魂幡在柩前导引。

吊唁：吊唁在发引前一日举行。此日俗称"安鼓"。是日亲友咸集，均按礼携带供品。孝子孙于院口跪地迎接亲友，称为亡人磕"免罪头"。昔日豪富之家，于此日举行"迎祭"仪式。一般人家行"摆祭"礼，届时，将灵柩请正，搭篷设灵堂。将嫡系姻亲所献纸货、供品均陈设于灵前，供人观赏品评。孝子孙凡成亲者，其岳父家需备"收头"数尺，或绸缎或布料，让婿、女跪灵、发引时披于肩上。

祭前，东家要为诸亲友"破孝"，孝服均以白布缝制。

姻亲孝服需在灵前穿戴，而主家之孝则由长孝子或长孝孙头顶孝服，跪呈主家。

托克托地区吊祭的主要仪式是点纸，在安鼓日傍晚举行。届时，鼓乐班子吹打不息，本族亡人晚辈（女为外人，不在其内）按辈分排行戴孝、执杖，分男左女（媳辈）右跪于灵前，俗称"跪灵"。点纸前，还有"挂孝"和"告奠"仪式。

"挂孝"是孝子孙的岳父家

为其女儿"挂收头"。之前，在灵旁特设桌凳，备有茶水香烟，请亡人主家（男舅家人，女娘家人）和"四门亲家"的来宾坐于桌前以示尊优。代东人宣布"请四门亲家挂孝"后，孝子、孙的岳父家来人便把备好的"收头"布料挎于各自的婿、女肩上。挂孝仪式同时也是四门亲家人前炫耀自家的机会。

"告奠"是代东人代表东家向亲友所致的谦辞。告奠词因人而异，可多可少。

告奠、挂孝毕，即举行点纸仪式。凡有灵前点纸吊祭之亲友，子媳均齐叩首礼拜，以致谢意。诸亲点纸顺序，亦如婚礼拜人之序，所不同者，若亡者为男性，其主家先于孝子舅家。故有婚礼娘舅为尊，丧礼主家为尊的习俗。点纸时，亡者长女手执菜刀，站立灵旁，凡来灵前点纸的诸亲大供，均取一个，以刀削少许添入遗饭罐，再切两小块，与侍立其旁的亡人长孙女往怀中揣一块。而亡人长婿则跪灵前，侍候亲戚点纸吊祭，俗称"接纸"。此时，诸女亲围灵旁恸哭。

昔日家资殷实的人家，请僧道设堂，诵经念佛，以超度亡灵早升极乐。

安鼓夜，有"叫夜"礼俗。昔日乡村叫夜，村邻有"送灯"之俗。东家预先在灵前扯好绳索，凡来送灯者，均在晚饭前提一灯笼至灵前，将灯笼挂在绳索上。东家着专人迎接送灯人进食晚餐。饭毕，送灯人提自家灯笼，与叫夜队伍随行。点点灯火，忽明忽暗，闪闪烁烁，颇有神秘感。

叫夜，在丧礼中，实际是一项以娱乐为主调的礼仪习俗。昔时叫夜，着两人以长杆擎挑两棉球，蘸油燃火（俗称火撑）前导，鼓乐班紧随，长子端亡人灵牌，长婿端"爬灵供"，其余子侄、婿相随其后，在鼓乐声中径直到村（镇）城隍庙或五道庙焚香敬纸叩头礼拜。托克托县多数地方，在庙祭返回路上，孝子依次相傍，哀哀痛哭，少数地方，去时奏乐恸哭，归时则要鸦雀无声。返途哭泣之俗，被认为是"叫魂"，而叫夜的主要内容，是观看鼓乐。归途中，火把引导鼓乐，沿路转村，所过之家，均于院门口外燃柴草为火堆，一为忌讳，二为拦鼓乐班吹奏。在当街路中，则观众围聚，尽情观赏鼓乐，叫夜归途，往昔以糕捏小灯，置油点燃，沿途放置，现多用粉笔截短，蘸煤油燃火取代糕灯。其意许是为亡人明路，送灯习俗似同出此意。

叫夜队伍归，族媳女戚竟候院口，各持烧纸，于火撑上点燃，边哭边快步至灵前，焚纸叩头，齐集灵旁痛哭，此谓"接纸"仪式。此时，有"开光"礼仪，即将棺盖揭开，供主家及诸亲瞻仰遗容。阴阳先生边念经文，边用一棉球蘸碗内油酒，在亡人两眼擦拭。所剩油酒由孝子分喝。开光后，始重钉棺盖，钉棺时，孝子边钉边喊："某某躲钉！"

叫夜毕稍事休息，鼓乐班围坐吹奏，俗称"呱灵"，多至黎明方止。此夜，亡人已成家的女儿、侄女、孙女、外甥等夫妇由东家设宴招待，形同婚礼之宵夜。此宴主要议程是摊配鼓乐、纸货等支费，故俗称此宴为"花钱会"。花钱多少，以亲疏而论。

发引：吊唁翌日发引。起灵前，特做黄米红豆粥置一小瓷罐内再倒入少许酒，上用素糕片遮盖罐口，称"发财罐"。连同遗饭罐由亡人女、媳分抱至坟地，下葬时分放于棺木前后。

灵柩起动前，孝子孙跪伏灵前，先请亡人主家点纸，并以背做扛灵动作，然后，长孝子以杖击破灵前奠纸沙盆及水灯碗（亦有摔到棺木彩头撞碎的）。俟后，众孝子扶灵柩出院。

昔日出殡，多用棺罩，棺罩是一精制长方形穹顶棺饰物。四周装玻璃，上绘有"二十四贤孝"以及扬善惩恶的"西天极乐""十八层地狱"等图案。灵柩置于棺罩内，由十六人以肩扛舁。送灵柩队伍排列有序，前有鹅头大幡导引，孩童持各色纸货随后，鼓乐继之。其后，长子或长孙肩扛引魂幡前行，众孝子用长白布牵引灵柩紧随。送灵走时，还有怀揣面馍之俗，称"揣富贵"。女眷坐车，头孝有眼纱遮面，一路哀哭至坟。

灵柩至坟地，先于祖坟前设供焚香点纸，灵柩徐徐放入墓穴，棺木入墓，阴阳以罗盘定向，并安放镇物，若夫妻合葬，需在两棺上覆合福盖物，盖物一般为三尺红布，另放梳镜等物。

葬后祭礼：葬后第三日，孝子孙、女儿等嫡亲有"复三"之俗。于其日日出之前，将用纸粘好的炉、灶、炊具等于墓前焚烧，俗称"安灶"，并用几块新砖于墓前正中砌一门洞，称安墓门。

安葬后，还有百日祭、周年祭。但多为嫡亲家祭，仪式较简。一周年为小祥；二周年为大祥；三周年祭奠较小祥、大祥隆重。守制期间，也有不少礼仪，如孝子百日内不剃发，家中不兴婚嫁。孝子家当年不贴春联，或贴白纸联。第二年春节贴蓝春联，糊蓝窗花等。

三周年后，便不再举行祭奠仪式，对亡者的追念，转为逢清明节、中元节、春节等常规扫墓。

当代人生仪礼的主要特点是：礼仪程式愈来愈简，宴席规格愈来愈高，亲朋礼金愈来愈多。

大头娃娃

人文荟萃的民间社火

民间社火是节日期间人民群众自演自娱的文艺活动的总称。托克托的民间社火可谓源远流长，内容丰富，形式多样，特色鲜明。

托克托数千年的文明史，是我国北方各少数民族与中原汉族人民共同书写的。大青山南、黄河北滨的地理位置，四季分明、宜农宜牧的自然环境，造就了这一方水土的人文个性特征——这里是匈奴、鲜卑、突厥、契丹、女真、蒙古、满等游牧民族与农耕汉族人民风雨沧桑、共处相融的地域。从昔日"风吹草低见牛羊"的敕勒川到今朝农工商贸共繁荣的呼和浩特平原，历史的轨迹烙印着各族人民共同跋涉的累累足迹。在这长长的足迹中，一朵艳丽芬芳而特色鲜明的艺术香葩昂然绽放，她就是托克托民间社火。她所以艳丽芬芳，是因为她是由各族人民共同培养而成；她所以特色鲜明，是因为她广泛吸纳了多种艺术的养分，是典型的草原文化与黄河文化融汇的结晶。

托克托民间社火远无史料稽考。从明朝以来，托克托地区渐成村落。有清一朝，伴随着人口的繁

社日看红火

社火表演

衍，社会的发展，城乡的形成，托克托县的民间社火也经历了一个由兴而盛的成长历程。这一历程与土默川的农业开发和"走西口"的历史风潮是密切相关的。

在土默特平原从牧到农的产业嬗变中，引发了以山西人为主的"走西口"移民浪潮。这些走西口的人们，从"雁行客"到定居，是开发土默川的主力军。随着后大套的更大规模农垦，晋陕等地的走西口大军愈加庞大。这支走西口的大军，融汇了社会上各行各业的人群，其中也不乏从事和喜好文艺的民间艺人。正是这些民间艺人，把家乡的民间艺术带到了他们新的聚居地。

民间社火的兴起，与民间结社密切相关。

清朝之时，托克托县民间结社普遍成风，这都是受神灵信仰观念的支配而自发所为。结社的目的，无非是通过结社后的社日活动，寄托人们祈神赐福的善良愿望。同时，社也成为处理社内公益事宜的组织机构。

社，一经建立，就设有本社的领导人，即"会首"或"经理"。同时，也形成了相应的主要习俗：

有社必有庙，必敬神；有社必定社日——庙会。社日一经选定，则代代传承，相沿成俗。

中华人民共和国成立前的社日——庙会，其主旨是祭祀神灵。办社火，原是作为祀神的仪式之

灯展

一，或者说是祀神的一项内容。但在社日的具体活动中，"闹红火"则是人们的共同心愿。所以，社日实际上成为人们一年一度的喜庆娱乐节日。这正是社火节目愈来愈千姿百态的根本原因，同时也是一些社日得以传承至今的重要因素。

庙会也是临时性的交易集市。庙会与集市的"合二而一"，使庙会具有了双重目的：娱乐、交易。这也是一些社日得以传承的缘由之一。

托克托地区的社火活动都集中在社日举办。其规模的大小取决于各社所处的地理位置和社募资金的多少。一般来说，城镇的社火规模大于农村，商社大于村社，而村社中，大村社的社火又盛于小村社。几十户人家的小村社，社日活动时间短（多为一日），社火项目简单，多是村民积炭于小庙前笼一大旺火，村民聚于旺火处，敲锣打鼓，燃放爆竹，或者自绑几架简单

的焰火放放而已。无庙的村庄，则于社日临时搭一棚式小庙，内放一张高桌作为供桌，上供用黄表折叠的牌位，写明所供奉的神名，届时焚香礼拜。尽管这类社火形式单调，仅是笼笼旺火，响响炮，敲敲锣，打打鼓，但村民自娱，其乐陶陶。而城镇各社和较大村社的社火（俗称"红火"或"秧歌"）就比较丰富多彩，而且在传承演出中不断推陈出新。

农历正月十五是我国传统的元宵佳节。托克托县村镇绝大多数社日活动都定于这一节日举办，从而使元宵节成为当地一年中最红火热闹、喜庆欢乐的日子。

据传，托克托地区城乡普遍于元宵节"闹红火"。办社火兴于清朝中叶，盛于清末民初。传统的活动时间为三天，即正月十四至十六，而以十五为正会。活动内容主要是灯展、焰火、社火节目演出。

灯展：上元（正月十五）夜古

元宵节灯展

灯展

称灯节，为传统的赏灯之期。这一风俗在托克托县一直传承至今。

古代的灯，其燃料为麻籽榨的植物油。将麻油贮于瓷制灯盏内，以棉花搓捻，浸油而燃。蜡烛在托克托普遍使用始于清中叶。

上元夜，城乡家家户户于屋檐下、院门口悬挂灯笼，彻夜不熄。社火集中活动的场所（乡间称"庙滩"或"庙场"，因多在庙前的空场上活动），扯起一排排绳索或铁丝，上面挂满了专供人们欣赏的各式彩灯。这类灯都是民间能工巧匠精心制作的工艺品，可谓"春兰秋菊，争奇斗艳"。入夜，华灯竞放，如霞光融融。从二人台《拜大年》中的一段唱词可见当日元宵灯展之一斑。

正月十五闹花灯，

我和连城哥哥去观灯。

西瓜灯，红腾腾。

白菜灯，绿圪茵茵。

芫荽灯，碎粉粉。

茄子灯，紫茵茵。

圪溜把弯黄瓜灯。

老虎灯，真威风。

凤儿灯，满身翎。

摇头摆尾狮子灯。

娃娃灯，打能能。

手拄拐棍儿老汉灯。

那边来了个王八灯，

脑袋一缩又一伸。

三打金弹炮打城，

还有那起子火带炮。

乒乓两盏灯……

上引唱段所反映的是中华人民共和国成立前土默川一带元宵灯展的盛况，戏曲唱词将当日的灯展景观艺术化，但并非溢美之词。

焰火：俗称放火，是元宵社日活动的中心项目。焰火融灯、火于一体，燃放前，其造型亦是供人观赏的华灯艺术品，如上引唱词中的"炮打城"之类。所谓"看火"，既指观看燃放的焰火，也指欣赏焰火的造型艺术。

城镇元宵节放火历来为十四、十五、十六三夜，以十五夜"火最重"。昔日的火以火药、硫磺所制的花筒、起子火、炮仗、火球、三

灯展

打金弹等为基本类型。依据各架火的造型，控制火焰喷吐的角度、方位，或向高空辐射，或冲地面漫撒，或旋转、交叉喷发。火分文火、武火、文武结合。文火有"九连环""金蟾脱壳""猴儿拜观音"等；武火有"白鹅下蛋""猴儿尿尿""转箩圈"等；文武结合的火尤为引人入胜。火炮燃放高峰之后，从空中散落悬垂下来的是染色的硫磺显示出来的龙、凤等造型或"吉祥如意""普天同庆""五谷丰登"等字样，这些光怪陆离的硫磺火焰把人带入神秘的境界。上述类型的火都悬挂在横跨街道的铁丝上，形体较小，燃放时间也较短。

较大型的火是"架子火""桌子火""炮打城"等。

架子火是用木椽或铁条绑扎为高架，或由若干高桌叠架而成，上置火焰。常见的造型有"许状元拜塔""雷峰塔"等。"桌子火"是在并排几张高桌上设置火焰，其造型有"水漫金山""火焰山""赤壁交兵""火烧连营"等。"炮打

城"的构思更为精巧：在市中心街道两边横对的建筑物上，各绑一座城，城门相对，点燃一座城的引捻后，一颗硫磺火球冲出城门，直射对面的城门，从而将两城同时点燃。炮打城的另一方式是用铁丝连接两城门，点燃一门后，一颗红色火球沿铁丝冲进对面城门，将城点燃，这一打城方式称为"走兔子"。炮打城火由于城内装置的药物、炮仗特多，且火焰喷射的方向纵横交错，两城同时点燃，焰雨相融，火树银花，炮声震天，分外壮观。

河口镇的炮打城独出心裁，别具匠心。打城的是一个头戴礼帽，身穿黑色西服，手端长枪的洋人，故名"洋人打城"。"洋人打城"的城火做得金碧辉煌，灯火璀璨，着火燃烧后，常令人有惋惜之感。据当地老人们说，制作"洋人打城"这架火的用意，是要人们在观看焰火的欢乐之际，不要忘记当年八国联军用洋枪洋炮在中国侵城掠地、杀人放火的惨痛史实。直到中华人民共和国成立初期，"洋人打城"在河口的焰火中依然年年燃放，迄今为人津津乐道。

社火节目演出：社火节目民间统称"红火"。红火演出是社日活动的主要内容。

昔日能够办起红火的，多是商社和较大的村社。小村社由于人少资金短缺，间或有办的，项目也较简单，难成规模。

当时，全县城乡的元宵红火都遵循一条传统规矩：十一踩街，十二拜庙，十三"杨公忌"不出门，十四至十六白天公街、庙场公演后便分散到机关、公所、字号、户家拜年。晚上，所有红火在三官庙集中，以序列队沿街演出。那时，人们把社火当作吉祥物，红火进院演出可为一年祛邪降福。因而，人们把赏给红火的"布施"称为"平安钱"。名为"平安钱"，实际上，村民们所布施的多是年节备下的点心、糕、肉、粉条、豆腐、豆芽之类的食物。中午和晚

皇杠

上，红火班子的演职员们，将布施来的食物于庙上会餐——这便是村社红火演员的待遇了。城镇商号则以现钞、烟酒布施。虽然待遇微薄，但人们对办红火乐此不疲，竞相献艺。当时乡俗认为，能够参与红火活动，会一年平安通顺。但人们踊跃参与，不图名，不为利，只求个红火热闹，欢欢喜喜。那时，参加社日红火活动的，都是男人，红火中的女角，都是男扮女装。从

河口龙灯鼓

正月初六开始，会首便组织人整修道具，排练节目。其时托克托县城乡的社火节目种类繁多、争奇斗艳。就其形式大致可分为锣鼓类、秧歌类、车船轿类、阁跷类、武技类、演唱类等，而每一大类又有若干节目。

清末民初，河口、托城的红火盛极一时。正月十四日，河口的红火上托城，托城的红火下河口。两家争强斗胜，各显风采。相隔三里之远的一城一镇，元宵期间，焰烟相望，锣鼓相闻。连接两地的大道上，人们南来北往，涌涌不绝，车水马龙，熙熙攘攘。来两处看红火的，除县境居民之外，还有他乡游子、邻县亲朋，归化（今呼和浩特）、包头的富商大贾，乃至口里邻省的行商，届时也来河口、托城设点布市，并以观赏托克托社火为生平快事。

那时，托克托地区的各大小村庄都有规模不等的社火节目。较有影响的是云中郡故地古城村和秦汉武泉遗址地黑水泉村的社火节目。

高跷

1938年，侵华日军占据托克托县后，烧杀抢掠，无恶不作。托克托县经济萧条，民生凋敝。社日活动被禁绝，社火道具被焚毁。灿若明珠珍卉的民间社火一度黯然失色，花凋叶落。

中华人民共和国成立后，托克托县民间社火如枯木逢春，旱苗得雨。不仅传统的社火节目推陈出新，而且新的民间艺术品种不断增加，异彩纷呈。

1957年，为贯彻党的"百花齐放，百家争鸣"的方针，在旧城原文化馆广场举行了全县社火文艺汇演。这次汇演荟萃了全县城乡的优秀社火节目，不仅对传统的社火节目起到了精益求精、吐故纳新的促进作用，而且诞生了一批新的节目。

民族舞

1991年9月8日，托克托县首届葡萄节暨秋季物资交流大会在新竣工的云中集贸市场举行开幕式。会上，举办了盛况空前的社火节目表演。来自各乡镇的优秀节目竞相亮相，计有威风锣鼓、龙舞、狮舞、高跷、皇杠、车、船、花轿、各类秧歌等二十多项。

1993年8月28日至9月8日，托克托县举办了首届黄河旅游节。节日期间，作为"经贸唱戏，文化包装"的重要项目，社火节目演出之丰富多彩、技艺精湛深受旅游观光者的好评。

进入新世纪，托克托的社火文艺在传承优秀技艺的基础上重展新姿，不断涌现的新节目异彩纷呈，令人目不暇接。特别是大型彩车的出现，充分利用了现代光电技艺，把传统的社火文化推向新的高峰。

土生土长的双墙秧歌
双墙秧歌的形成

双墙村位于河口东梁底真武庙壕口，村名原叫必令板申（蒙语意为山根底人家），后在村中筑了一堵东西走向的土打墙，将村分为南北两片，南片称前墙，北片称后墙，合称双墙村。

双墙村是杂姓聚居村落。清朝以来，口里口外的一些穷苦人慕河口"水旱码头"之名来求生路。

双墙秧歌传人：周林宝（前排左）
赵宽（前排右）李乐小（后）

初来无处可住的穷苦人们，就在双墙一带的梁头底打窑存身，渐次定居，形成村落。他们中有手艺人、小商小贩、"踢拳卖艺"的、打杂揽工的、放牧种地的……直到民国初年，后墙村人口最多也不过"六十串大院"（数户住一院），一百几十口人。

清时，河口镇商业繁荣，人丁兴旺，为发展文化艺术提供了社会基础。商社筹办社日"公街秧歌"，要求各商号出人，多数商家忙于业务，无闲人可抽，就向附近的农村雇人。隶属河口镇的前墙、后墙，虽然村小人少，但无业者多，其中也不乏具有艺术特长之人和文艺爱好者。于是，两村不少人应雇参与每年的社火活动，并逐渐

周林宝传艺

形成了以前墙、后墙为主体的一些社火班子。后来，这类社火节目就干脆由两村负责主办了。为集中两村人力、财力办好社火，前、后墙便合而为一。名闻遐迩的"双墙秧歌"就在这种历史背景下诞生了。

双墙的村民来自山西、陕西、河北各地。办社火初期，曾从山西等地请来民间艺人传徒授艺。双墙秧歌是在当地流行的蒙古曲儿、码头调等民间艺术沃土上，充分吸收了晋、陕、冀等民间艺术的丰富营养，历时二百余载，经历代艺人精心培育而绽开在托克托的一朵艳丽的民间艺术之花。她那浓郁的生活气息，独特的艺术风格，朴实的乡土语言，乃至某些剧目的思想内容，都体现了鲜明的地区特色，散发着托克托黄土地特有的芬芳。她是直接受当地的经济状况、生产水平、生活习惯、风俗信仰、性格感情以及地理环境影响，由当地劳动人民集体创作培育的民间民俗社火节目。

据双墙秧歌现代传人周林宝讲，双墙秧歌大型演出时，少至七八十人，多达百余人。以致双墙村家家都是秧歌世家，如果某家不出秧歌，就要按村规给以经济处罚。耳濡目染，村中五六岁的孩子，也能哼唱几句秧歌曲儿。一个社火节目，在一个地方达到如此普及程度，这在托克托县迄今的文化史上，是绝无仅有的。

早年间，双墙秧歌每年的演出时间是元宵节和五月十三关帝庙会两个社日，后来，便只在元宵节演出。演出地点除河口外，年年随河

双墙秧歌·武秧歌

口的红火"十四上托城"。在社火队伍中，排列的顺序是紧跟河口老龙，位居第二。

双墙的村社叫"平安社"，社祀"三官爷"。每年正月初三，便把三官庙布置好。初五早晨，会首派人到前墙、后墙转村边敲锣边吆喝："上三官庙了！""上三官庙"在双墙是传承经久、家喻户晓的号令，意即"上三官庙排练秧歌"。

从初五开始，双墙人集中于三官庙前，紧锣密鼓地排练节目、整修道具，直到初十，十一便到河口与其他红火汇合，"踩街""拜庙""上托城"、拜机关、转商号、串户家，进行社日正式演出。

清末民初是双墙秧歌发展的兴盛时期。其时，双墙秧歌拥有节目三十多个，结构完整的唱词一百多首。既表演经过改编的从内地移植来的秧歌节目，又不断增添自编自演的新节目。以致"双墙秧歌"之名不仅县境家喻户晓、喜闻乐道，且名播"口外七厅"，声传晋、陕邻县。

日本侵占托克托县后，实行"移民并屯"，双墙村的民房被拆焚无遗。居民或移居河口、托城，或流落他乡。双墙秧歌因此惨遭灭顶之灾！

中华人民共和国成立后，呼和

武秧歌·石秀

浩特市、托克托县文化部门组织人员几经抢救，失传的双墙秧歌才重现民间。

双墙秧歌的表演特色

双墙秧歌原来沿袭晋、陕地区一些秧歌由"伞头"（原叫伞者）总揽全局、点配节目的传统表演形式。在发展中，将伞头所持的道具花伞改为拂尘（俗称"蝇刷子"）。"伞头"之名也改称为"分公子"。"分公子"取代"伞头"这一角色后，在双墙秧歌中又由一个角色演变为两个角色：一俊一丑。表演过程中，上演节目的顺序，舞蹈队形的变化，演出队伍的进退行止，均由俊、丑二位"分公子"以"对扭对唱"的演唱方式指挥、分配。这样，就比原来一个"伞头"点配节目更添风趣。

为适应托克托地区社日期间所有社火节目集中按序演出的形式，双墙秧歌的表演也分为"过街"和"打场子"演出两种。"过街"即在街道上随整个社火队伍边走边演。其队形基本是"二龙出水"（也叫"二龙并进"），即分双行就走就舞。"打场子"是在街头、广场或院落中表演，是秧歌表演的主要形式。打场演出又分"大场子"和"小场子"。"大场子"又称"扭大场"或"清场"，即秧歌队成"一字长蛇"队列扭一"大圆场"，划出场地，然后在大场里由分公子点配节目，分别进行"小场"演出。

分公子对唱的歌词，多为即兴生发，讲究"张口就来"，且要幽默、风趣。如：

俊唱：我唱秧歌头一天，
　　　我老婆骂我不要脸。
丑唱：有心打她两牛鞭，
　　　又是心疼又可怜。
俊唱：正月十五闹红火，
　　　男女老少挤满街。
丑唱：秧歌队出场我安排，
　　　某某某上场来。

被点到的"某某某"节目即在鼓乐声中进小场表演。当此节目表演告一段落，分公子以唱词令其退出小场，再点下一个节目上场。

在商号、户家演出时，分公子往往有类似唱词：

东家的鞭炮响得高，
把我们弟兄难住了。
要唱咱们就好好唱，
叮铃烂单惹人笑。
……

双墙秧歌分文秧歌和武秧歌，故称"文武带打"。

文秧歌的代表剧目有《海蚌戏渔翁》《拉花踢鼓》《竹马·老罕王进京》《划旱船》《货郎》等。这类节目在晋、陕、冀民间秧歌的原基础上，因时、因地、因人，从表演程序、舞蹈动作、唱词曲调等方面进行了艺术再创作，从而使其更具有地方特色。

《海蚌戏渔翁》是双墙秧歌文秧歌中的优秀剧目之一。

《海蚌戏渔翁》是河畔渔村风情的艺术再现。这个节目有海蚌儿（当地对蚌的俗称）、渔翁、鱼鸭子三个角色。剧情是以各具"身份"特征的舞蹈动作，若戏若舞，表现渔翁钓鱼、海蚌戏渔翁、鱼鸭子欲趁机啄食海蚌儿的富有戏剧性的情节。表演时，海蚌儿的舞姿轻盈如流水行云，开闭蚌壳缓急相济，俯仰有致；鱼鸭子"插科打诨"式地滑翔、栖息；渔翁艺术化了的钓鱼情态，使双河岸畔的人们在欣赏艺

文秧歌·海蚌戏渔翁

术的同时，自然而然地联想到了水乡风光、捕鱼生涯的现实生活。《海蚌戏渔翁》这颗双墙秧歌的灿然明珠，以其强烈的渔乡风情，鲜明的地方特色和精湛的艺术技巧，传承百余年，精益求精。1985年，曾被文化部门选送进京演出。

文秧歌的表演技艺突出一个"扭"字。双墙艺人在舞蹈姿态的曲、仰、俯、撇，舞蹈动律的拧、晃、转、碾，舞蹈韵律的韧脆对比等传统舞技的基础上，融汇蒙古舞蹈和二人台舞步的特点，形成了自成一家的艺术风格——"三腰两圪截"（周林宝语）。这是在"腰、胯为主动，两腿进、退，两臂自然

摆动"的基本动作形象基础上，根据节目情节、剧中人物性格等需要，灵活变化舞姿、表情，表达复杂的感情色彩。或粗犷矫健，或诙谐幽默，或轻舒悠柔等等。同时，舞蹈动作要与四分之二、四分之四的锣鼓、唢呐曲谱节奏丝丝入扣。

双墙秧歌的小场扭舞场形根据各个节目的表演需求各有变化。场形是为节目情节服务的。这就区别于一般社火节目为"演走场"而走场的程序套路。为此，双墙秧歌的场形也别具一格，自有特色。仅以"踢鼓子"的场次为例：

据有关资料记载，"踢鼓秧歌"形成于北宋末年，原流传于晋北地区。由于表演男角以"踢"为主，伴奏以鼓为主，故名"踢鼓秧歌"，表演分"小场子""大场子""过街场子"三种形式。小场子有"备马出阵"（男丑角一人表演）、"单凤朝阳"（男女角各一

文秧歌·老军王进京

文秧歌·踢鼓子

人表演）、"双凤朝阳"（男角一人，女角二人表演）、"双挂印"（男女角各二人表演）、"落帽"（男丑角一人，女角四人表演）等内容。大场子为几十个人的集体舞蹈，表演内容以队形变化为主。过街场子即街道行进中的表演。

双墙秧歌的"踢鼓子"，其表演特色与晋北的"踢鼓秧歌"迥然不同。它不是集体性舞蹈，而是小场演出的一个节目。据周林宝老艺人讲，传说，宋朝有一位忠臣"陆大人"，受奸臣诬害，被捕入狱，他的一双儿女逃出京城，流落民间，姐弟二人以表演"踢鼓子"而四处卖艺为生。由此，在民间传下来"踢鼓子"这种表演艺术。

"踢鼓子"是双墙秧歌传承一百五十多年的保留节目，已形成了相对稳定的表演程序。这一节目由两人演出，一人扮公子，一人扮拉花姐，公子穿生角服装，小胡子，左手卡一面特制"踢鼓"，右手持鼓槌，拉花姐头戴鲜花，身着花绸衣裙，其演出始终，左手

提长裙，右手持花扇。表演过程中的主要场次有"罗面场""平行场""压葫芦场""里外罗城场""大十字场"等等。演出中，场次错综变幻，不一而足；舞步快慢有致，刚柔相济，与鼓乐步步合拍，缓疾相宜，借以展现"剧情"的开端、发展、高潮、尾声等跌宕起伏的情节。同时，在"走场"的特定部位，公子做出花样翻新的"踢鼓"动作，并有与拉花姐传情送爱的诸多情态。拉花姐相应地温情脉脉，娇羞答答，以目传情，欲言又止，花扇似掩非掩其面。俩人的动作协调，配合默契，亦庄亦谐，饶多情趣。

舞蹈场外，还有"唱段场""收场"。

从"踢鼓子"的场次显而易见，当地"打玩艺儿"——二人台的"走场"与社火秧歌小场演出之间的深刻影响。

双墙秧歌的许多节目取材于戏剧，经过革新，使之适应于社火演出。而一些节目则可走出社火圈子，登上戏剧舞台，如《海蚌戏渔翁》等。这便突破了社火节目以舞扭为基本表演形式，以选唱片断歌词为主要演唱内容的传统格局，使其成为社火节目中别开生面，独树一帜的艺术形式。

文秧歌·老罕王进京

双墙秧歌的小场表演节目大都具有一定的戏剧情节。这是双墙秧歌突出的艺术特色，也是双墙艺人对传统民间社火独辟蹊径的艺术创新。

《竹马·老罕王进京》是双墙秧歌传承百余年的文秧歌保留节目。根据有关资料记载，唐朝时，南方就有了"竹马灯"的民间歌舞。后来，以"竹马灯"为基础，吸收梨园戏、四平戏等剧种的表演艺术和音乐唱腔，在闽南一带形成了地方戏曲剧种，称为"竹马戏"。

双墙秧歌的《竹马·老罕王进京》取材于清太祖努尔哈赤（民间称老罕王）的故事。基本情节是八旗兵将护送老罕王"进京上任"。这一节目在保留"竹马戏"传统道具人骑竹马的基本特点的同时，将老罕王的坐骑改为"竹骆驼"，从而使节目更具草原风情。八旗兵为八个身骑竹马的清兵将士，分为四队，仿八旗色彩分着黄、白、红、蓝（或黑）服饰。节目表演以"驼步"（老罕王）和"马步"（八旗将士）为基本舞蹈动作，通过花样送出的场次变化，众星捧月的舞台画面，展现了英勇强悍的八旗兵将在威风凛凛的老罕王率领下"进京上任"的情节。这种表演艺术，既是社火演出的戏剧化，又是舞台戏剧的社火化，因此，倍受群众青睐。

双墙秧歌的武秧歌是把一些戏剧中的"武打场面"应用于社火演出的武术表演性质的"对打"节目。代表剧目有《孙悟空大闹老鼠洞》《三打祝家庄》《萧恩杀江》《打焦赞》《快活林》《武松杀嫂》《孙二娘开店》等。这些节目又不同于纯武术表演。每一个节目都由表演者依戏剧中的脸谱、服饰化装扮演剧中人，通过武打表现简单剧情，在一定程度上体现剧中人的一些思想感情、性格特征。诚然，武秧歌节目中的武打表演具有一定的"套式""路数"，但那娴熟惊险的技艺，威武剽悍的姿态，紧张激烈的气势，令观众击节叫好。特别是"暗器"使用，更叫人惊骇咂舌。

武秧歌不仅适宜小场表演，而且也适宜过街演出。

原为社火演出的武秧歌产生后，在双墙的村民中不知不觉形成了"练武"的"习染"。昔日代代成年人多数"会个三套两套"。世居双墙的李家辈辈习武，据今武秧歌老艺人李世文讲，从其曾祖始，李家代代人为武秧歌中的骨干，家传武术"单刀破枪"，在托克托县武术界也颇有名气。

双墙秧歌的音乐多为"码头调"。乐器为锣、鼓、铙、镲、唢呐。唱词口语化，通俗简练，生动形象，并大量应用比喻、夸张、双比、排比等修辞手法。唱起来合辙押韵，听起来悦耳赏心，读起来朗朗上口。不少唱词就地取材，并嵌入当地的方言俗语，从而更浓郁了乡土气息。

双墙秧歌的伴奏音乐在演出中形成了传统的程式：秧歌演出出发行进时，唢呐吹奏"过街吵子"，演出结束回来时，吹"得胜鼓回朝"。

由于种种原因，加之老艺人相继辞世，双墙秧歌濒临失传。近年，县委、县政府拨出了专款，组织专人对双墙秧歌进行了抢救性保护，并逐级向上申报列入"非物质文化遗产保护项目"。现在，双墙秧歌已被列为内蒙古自治区首批"非遗"保护项目，并申报了国家级"非遗"保护项目。

2015年3月，在河南省鹤壁市举办了第三届中国社火艺术节暨第十二届中国民间文艺"山花奖"评比活动。来自12个省市的13支社火队经过激烈竞赛，托克托县队演出的"双墙秧歌·老罕王进京"获得第三届中国社火艺术节金奖。

双墙秧歌唱段选——对天牛：

女：分公子哥哥你过来，
　　小妹妹的秧歌叫你猜。

男：拉花姐，你休卖牌，
　　你的秧歌哥能猜。
　　哥猜见你秧歌大街上唱，
　　猜不见你的秧歌哥不唱。

女：天上的银河几道沟，
　　第几道沟里出天牛？

男：天上的银河九道沟，
　　第九道沟里出天牛。

女：天牛头迎哪边向卧？
　　尾巴又担在哪一州？

男：天牛头迎西北向卧，
　　尾巴又担在苏杭二州。

女：什么山上吃过草，
　　喝断谁家水不流？

男：昆仑山上吃过草，

喝断长江水不流。

女：什么人放，什么人收，

什么人出来戴笼头？

男：霸王爷放，柴王爷收，

老君爷出来戴笼头。

女：什么人拉在桥头上卖？

闯倒谁家几间楼？

男：洞宾爷拉在桥头上卖，

闯倒阎家九间楼。

女：什么人出来高声骂，

什么人出来对天牛？

男：阎家出来高声骂，

李存勖出来对天牛。

多姿多彩的工艺美术

托克托地区特定的人文地理条件，形成了当地颇具特色的民间传统工艺美术的艺术风格。它既具有晋、陕等地黄河流域共有的古朴、强烈、粗犷、豪放和深厚的特点，又融汇了草原文化的鲜明特色。同时，有着悠久的历史渊源。

海生不浪文化遗址的彩陶，是托克托地区迄今发现的年代最久远的工艺美术品。专家指出，海生不浪彩陶艺术已具有抽象的绘画意境，反映了黄河沿岸原始部族的农耕及渔猎生活场面。

古城汉墓出土的壁画、瓦当、陶器皿等文物，证明了当时托克托地区与中原文化一脉相承的渊源传统。

剪纸

托克托地区传统剪纸的种类，从运用范围分，大致有：

一、生活装饰类

1.窗花

窗花是粘贴在窗户上的剪纸，除春节装饰门窗外，不少人家在换新窗纸时也剪几幅红色或其他色彩的剪纸粘贴于新窗纸上。

彩绘窗花面世后，一些钟情于剪纸技艺的妇女们，依然用红纸或其他彩纸自剪图案作窗花，与彩绘窗花同糊一窗，相互映衬，别有风味。

2.壁花

壁花，顾名思义，是贴在墙壁上的剪纸。早年间，托克托地区多数人家过年时所贴的年画是自剪或请人剪的剪纸纹样。腊月二十三祭灶送神后，从二十四日开始打扫家，糊窗花，挂年画。买来的年画到第二年二月二"下画"，收藏好

来年再挂。而剪纸年画却一直贴到破损为止。壁花图案的内容都是以象征、谐音、寓意等表现手法反映人们祈求平安、祥和、吉利、福寿等的理想愿望、思想感情。

二、喜庆祝福类

1.喜花

喜花是剪纸运用最广泛，纹样最丰富，造型最多姿的剪纸类型。喜花的运用几乎伴随了人的一生。

孩子出生后，月（产）房里便贴上"奶奶送子""骑鱼娃娃""坐莲娃娃"等剪纸，以表示祝贺。

孩子十二岁"圆锁"时，要悬挂大幅"十二生肖图""长命富贵图"以及石榴、佛手等剪纸，同时伴有相应的祝福仪式。

新婚庆典，喜花更是大派用场，从院门口，到家门、窗，到新房的墙壁上、箱柜上，都可看到精心制作的大大小小的剪纸喜花。这些喜花以"喜"字为构图主题，以莲、梅、桂、牡丹、鸳

鸯、喜鹊、龙凤等作图案装饰，组成了千姿百态、风格迥异的剪纸纹样，渲染出了红红火火、喜气洋洋的欢庆氛围。

人到七八十岁，子女为其祝寿，寿堂上也要张贴剪纸。祝寿剪纸的图案当然以福、禄、寿、喜为主题了，这类喜花也叫寿花。

2.礼花

当地礼花的运用，较多见的是在婚嫁仪礼方面。旧式婚礼，男女定亲后，男方需在娶亲前，到女方家履行交水礼、探话、下茶等礼仪程序。每道程序，都需携带相应的酒、肉、烟、茶等礼品。这些礼品的包装箱上，都要贴上红色剪纸，这类剪纸一般都是"喜"字图案。

三、辟邪祭祀类

这类剪纸与当地民间信仰、传统风俗密切相关。一些传统民俗节日，张贴辟邪类剪纸，成为节日内容的主要事项，如端午节，托克托县人过端午，家家在院门上、家门上贴红公鸡剪纸，有的单剪两只对头大红公鸡，口里衔一束用五色

线、白麻绕成的麻刷刷，有的在公鸡周边装饰其他纹样，较常见的是公鸡口啄或蹄爪抓踏蛇、蝎、蜈蚣、蛤蟆、壁虎等毒虫，俗称"五毒符"。这类剪纸鲜明而形象地突现了我国端午节"讲卫生求健康"的节日内涵。

祭祀类剪纸主要运用于对祖先灵魂信仰方面。托克托地区传承已久的"送寒衣""过七""复三"等祭祖习俗，即以剪纸为其主要活动事项。每年农历十月初一，人们用白纸或彩纸剪成各式衣服，到祖坟上烧化，俗称为祖先亡灵"送寒衣"。"过七"是指新亡人从死亡忌日始，每七天为一祭，至七七四十九天止。七七之内，各七日如与农历的初七、十七、二十七相逢，则为"犯七"，凡犯七日，祭奠外，尚需禳灾。迷信认为，亡人

犯七，要在阴界受苦刑，因此孝子们要在"犯七"日用白纸剪成旗、伞，插于家至墓地沿途和坟周，意谓亡人灵魂受刑时，可躲于旗、伞下避难。

此外，为新亡人"复三"（安葬后第三日）剪粘的炉灶、厨具以及葬礼中的纸货等也属这类剪纸。

四、服饰类

服饰类剪纸主要用于鞋样以及刺绣、纳绣花纹图样。

传统剪纸从题材内容分，大致可分为：

1.现实生活

现实生活中的人物、动物、花果草木、亭台楼阁、山川日月、疏篱茅舍、小桥流水、田野风光、民俗风情……都是剪纸作品取之不尽，用之不竭的取材内容。这类作品，有的较真实地表现了客观事物的本来面目，而更多的是在保持原貌的基础上进行了艺术加工，使其更具观赏性。

2.历史人物

这类剪纸在民间剪纸内容中亦属常见，但均是民间传说、戏剧中的历史人物形象，并赋予剪纸艺人自己的想象。如"武松打虎""空城计""姜太公钓鱼"等等。

3.神话人物

这类题材较多见的是"八洞神

仙""弥勒佛""观音送子""唐僧取经"等等，不同艺人剪刀下的人物形象形态各异，更富夸张想象。

4.民间传说

许多在当地长期流传的民间故事，成为剪纸艺人重要的取材源地。如"猫狗耕地""牛郎织

女""孟姜女送寒衣""安安送米""许状元祭塔"。这类在各地广为流传的故事人物，经过当地艺人的精心构思，具有了鲜明的地方特色。

5.祝愿祈福

这类题材是剪纸作品的主体，它集中地体现了剪纸艺术的创作思想，寄托了人民大众对幸福生活、美好事物的期盼和追求，同时也是最能表现剪纸技艺的创作领域。民间工艺美术传统中的谐音、象征、寓意等表现手法，在这类作品中

发挥得淋漓尽致。如用鸡、磬、如意的形象表示"吉庆如意"；用莲花、鱼的形象表示"连年有余"；用莲花、石榴、葡萄、葫芦等形象表示"连生贵子""多子多福"；两只喜鹊寓意"双喜临门"；蝙蝠、桂花组成"富贵满堂"；鸳鸯、鱼钻莲、蛇盘蛋、鹰踏兔等隐喻情爱……此外，诸如"龙凤呈祥""鹿鹤同春""二龙戏珠""麒麟送子""状元及第""岁寒三友"等传统吉祥类题材比比皆是。

托克托地区剪纸在表现手法上虽然因人而异，各有特点，但总体风格以阳刻为主，以单色为主，以剪为主。造型或简约或繁复，或稚拙或灵秀，或浑厚粗犷或清新雅丽，无不形象生动，令人赏心悦目、玩赏不已。题材的丰富性，风

格的多样性，充分体现了托克托地区各民族杂居相处，各种文化彼此交融的历史人文背景下所孕育的民间艺术的地区特色。

历史上，托克托地区的民间剪纸十分流行，差不多村村都有不少妇女具有剪纸本领，其中不乏技艺精良者。在当时的社会生活条件下，剪纸是人民群众自娱自乐、自我欣赏的艺术，是寄托理想愿望、表达思想感情、丰富文化生活、体悟艺术熏陶的主要手段。一村一地的剪纸名家，其作品除自用外，多是馈赠亲友，并无市卖的习俗。

中华人民共和国建立后，为继承发扬剪纸这一具有浑厚久远文化传统的民间艺术，托克托县文化部门、妇联、工会等单位曾多次举办剪纸展览、创作等群众性活动，从而使剪纸艺术在传统的基础上得以发展。

当代的剪纸作品具有鲜明的创作意识，其题材在传统内容的基础上突出了时代风貌。

而今，托克托地区的剪纸爱好者遍及全县各行各业。既有年逾古稀的老人，亦有朝气蓬勃的青少年。

1997年，托克托县人民政府命名黑城乡为剪纸艺术特色乡，黑城村为剪纸艺术特色村。

纸扎

纸扎工艺在当地主要应用于丧葬礼仪。为丧葬制作的纸扎工艺品，统称为纸货。

纸扎以较坚实的植物秸秆如高粱秆、向日葵秆等绑扎成骨架，外表糊色纸（包括金银箔），再彩绘成形。昔日纸扎为民间画匠兼作，

后来一些阴阳（二宅）先生也都成为纸扎匠人。

纸扎的纸货品类颇多，如金库、银库、摇钱树、聚宝盆、金童玉女、四合厅院、宝塔凉亭、金山银山……近年来又增加了小汽车、家用电器等。昔日的金银山，今改为大型"靠山"，把天上、人间、地狱、神话、历史、现实诸多景物汇聚一山。靠山的制作，以纸扎为主，集中了绘画、雕塑、编织、剪纸等综合造型技艺。而且，通过电动装置，还可使画面人物、动物按设计的方向各自转动，再以彩灯装饰，从而使整个景物显得绚丽多姿、栩栩如生。

面塑

托克托地区的面塑制品多与民间信仰、节日风俗相关。因此，面塑工艺具有最广泛的群众性，几乎每个家庭主妇都有基本的面塑工艺技能。这里仅选介几种。

1.枣山山

枣山山是当地居民春节时家家

枣山山

必蒸的一种祀神的食品。

枣山山有造型大小、构图繁简之分。小型枣山山图案用三个云状面团拼成一个三角形。较大的枣山山，在一块圆形面片上，精心捏制各种花朵，组成各式图案。花朵上再横盘一条鳞甲分明（用剪刀剪出鳞甲）、昂首摆尾的长龙。龙嘴衔一枚铜钱，在云团眼儿或花芯处嵌进枣肉，蒸熟后，再以红色水彩点缀装饰。

除夕晚，家家把枣山山连同花花、佛手、兔、点心等面塑食品供在居室下面的神像前，供神享祭。

2.寒燕燕

寒燕燕

清明节前几日，当地群众有蒸寒燕燕的习俗。寒燕燕是用白面捏成各种小巧的飞鸟形象。因鸟形以燕子为主，统称寒燕燕。蒸熟的寒燕燕用颜色染画嘴、眼、尾、羽，形成层次鲜明的色泽对比。

寒燕燕除赐送晚辈小孩外，还作为家庭节日装饰品。常见的是饰为"寒燕燕架"——选一株枝杈丛生、错落有致、二尺多高的"圪针"树枝，将寒燕燕精心布局，插在树枝上，组成一幅群鸟聚树的景观，寓意春的气象。

蒸寒燕燕的习俗源于寒食节禁火纪念介子推。

3.面人

中元节，家家于节前蒸白面人，作为互送亲友的礼品。

面人分大、小两类。大面人高尺余，小面人五六寸。面人有立、卧、仰、爬等各种形态。无论大小，个个形体俱全，且配以头饰、衣饰，以及象征吉祥如意的花卉图案。

面人的形象取材广泛，除常见的人物造型（多为胖娃娃）外，神话中的"观音踩莲""二十四贤孝"中的"安安送米""卧冰求鲤"等也成为面人中的创作题材。

4.面锁

面锁是当地的一种礼仪食品。孩子过生日、圆锁时，姥姥、奶奶、姨姨、姑姑等为其蒸一盘面锁

儿，届时带之至家祝贺。

面锁儿圆形中空，以圆面片作底，面片周边盘一圈由十二生肖和石榴、佛手、寿桃等组成的图案。蒸熟后，以颜料装点。

刺绣

蒙古族刺绣：蒙古族民间刺绣的工艺表现手法多种多样，常见的有对比、夸张、添加等形式。

蒙古族民间刺绣是用各色丝线、棉线、驼绒线、牛筋等在绸、布、毛毡、皮料等底子上绣花、贴花的一种艺术手法。其图案非常丰富，诸如鸟兽家畜、山水花卉、蝴蝶蝙蝠、鱼虫、草纹、龙凤、佛手、寿字、方胜、云头、如意，以及各种几何形纹样等。

虎头鞋

面锁

虎头帽

蒙古族民间刺绣色彩鲜艳，线条粗犷，绣工细致，针法活泼。取材源于现实生活，具有自己鲜明的民族性和独特的艺术风格。

蒙古族刺绣艺术在生活中应用广泛，像衣服的袖口、领边、襟边，蒙古袍的边布、帽子、耳套、鞋、靴以及日常生活用品如茶包、碗袋、枕套、蒙古包纹饰、门帘、毡毯、马鞍、鞍垫等等。

汉族刺绣：传统的汉族刺绣在托克托县的应用范围与蒙古族刺绣相比相对狭小，多集中在小孩、青年男女的一些生活用品方面，如绣鞋、鞋垫、娃娃帽、腰爪爪、裹肚肚、包袱皮、针扎扎、烟荷包、花枕顶、虎头枕等小物件。

昔日汉族刺绣的图案多为传统题材，以花草瓜果为主，间有"四时吉庆""连年有余""鸳鸯戏水""喜鹊登梅""水鸭子卧莲""鱼钻莲""日月同天"等等。图案根据绣物的形制、用途各有相应的造型。

木雕

托克托地区的民间木雕工艺以木工雕刻为代表，因而，其应用范围遍及生活中所有木工制作：民居、庙宇、戏台、阁亭等建筑物；桌、凳、椅、柜、橱、床等生活用品；佛龛、香炉、佛像等祭祀品以

佛龛

及各种可供欣赏的装饰品、儿童玩具等。

当地木雕工艺流行最广的是民房门窗雕刻。根据门窗雕刻的繁简、精疏，有细门窗、二细门窗的区分。木雕门窗以透空单面雕为主，兼有浮雕、圆雕、阴雕、彩木镶嵌雕等。图案形象丰富多姿，常见的有鹿鹤松、杨柳燕、松竹梅、兰竹菊、喜鹊登枝、犀牛望月、云里卧兔、鱼儿钻莲、双凤朝阳、二龙戏珠、琴棋书画、明暗八洞、凤凰戏牡丹、水鸭子卧莲、老鼠盗葡萄、庄禾人扛犁等等。

门窗的实用性决定了门窗木雕的特殊技法。首先要精心设计画面

门窗花卡

各形象形体的支撑力度、彼此结构组合，以保证门窗的牢固性能，在此基础上，统筹画面的整体布局。好木雕门窗讲究"牢、灵、巧"，牢即坚固耐用，寿命长；灵指雕工精细，形象逼真；巧的内涵较广，既指整体结构组合的科学性、艺术化，又指刀工技法的精致巧妙。

托克托县民间有许多木雕工艺精良的细木匠，也流传着不少关于木雕工艺的动人传说。据传，清末，托克托县有个远近闻名的张师傅（其名失传），一次，他在外地主持建筑一座大庙，在复核用料尺寸时，发现山门的两根明柱被忌妒其技艺者截短了二尺，他当时没言语，到了立架那天，张师傅来时，肩上搭了一个毛杈，他把杈子放在山门的台阶上，就招呼徒弟们上梁。上梁的炮声引来了许多围观者，当起立山门明柱时，徒弟们傻眼了，围观的人群知道原因后，都哄吵起来，张师傅不慌不忙，叫徒弟打开杈子，杈子里，是一对雕工精巧的木狮子，明柱立起后，张师傅将一对木狮子分别固定在两根明柱顶端，木狮子的高度恰好弥补上明柱的不足，而且别开生面，陡增艺术效果，从而博得全场欢呼叫绝。

民间绘画

据老年人口传，清中叶以来，民间绘画运用范围相当广泛。诸如彩灯、花伞、扇面、窗花、年画、鞋花、纸扎、中堂、家谱、木器家具纹饰等等，而以寺庙壁画、泥塑绘像最显功力。当日托克托县寺庙绘画的许多力作，至今为人称道，可惜今已荡然无存。

近代以来，托克托地区的民间绘画以炕围画、家具画、油布画、玻璃画为主。

托克托县炕围画源于近代，盛行于20世纪50年代。炕围画经历了由线条边饰的"二道眉"到"开池子"的"细腰墙"，到当今无画无饰的一色纹纸裱贴的变化过程。

炕围画的绘画技法由传统的平涂勾勒进而发展为与彩墨、水粉、没骨花卉相结合，技法因人而多种多样。

当时的炕围画色彩艳丽，画面充实，观感强烈，在一定程度上表现了人民群众的思想感情和情趣。

家具画是在橱、柜、箱、桌、凳等木制生活用具上着色绘画的民间工艺。

传统的家具画是在器物上以墨、紫色作底，用金粉、银粉等各种色粉调制的胶色绘画，再罩上清漆而成。

家具画视器物形体选择画面，一般都在家具的边角、底部。画边以波纹、云纹、回纹、万字、盘肠、套环等纹样居多。边纹内的画心部分以山水、花鸟、楼阁为常见具象图案。构图对称，矩形夸张，极具装饰性。以金银粉画的俗称"描金"，它华贵、典雅、丰满，在清朝、民国时流行。

托克托县油布画兴起于20世纪60年代，盛行于70—80年代，衰落于90年代。

先期的油布以桐油油制，无画，柔韧。后发展为以漆、食用植物油熬制的油布漆油制。

油布画的画法是先在一块选好的水洗白布上浆底，铺底色，然后在其上绘画。画面布局分画边、画心。画边以纹饰为主，画心多花卉、珍禽（凤凰、孔雀等）。也有"脱边"画法：整个画面由四角、中心五部分组成，如地毯的"脱边五牡丹"图案。绘画完成后在画面上罩油漆和清漆，既耐用，又亮色。

油布多为火炕铺用，也有专为吃饭铺衬的小块油布。

进入20世纪90年代，油布渐为人造革、地毯所淘汰。

玻璃画是在玻璃的背面用油彩、水粉、国画颜料、油漆等绘制形象，在玻璃下面成画的一种民间绘画工艺。玻璃画多悬挂于居室墙上，也有镶嵌在家具上的。绘画内容多为风景类。

随着人民生活水平和审美水平的提高，民间玻璃画现已退出市场。人们居室墙壁悬挂的"风景镜儿"，而今已多是大块玻璃内装的精致装裱的大幅国画、油画，尤以山水风景国画最为常见。

上述之外，托克托地区的壁画、泥塑、布贴、拼贴、首饰、挑花、毡毯、布艺、纳绣、柳编、草编等民间工艺美术亦各有千秋。

二人台的形成与改革

托克托是内蒙古西路二人台的发源地之一。

任何一种艺术形式的产生、发展，都必然要受到社会历史条件、地理环境的深刻影响。

清末民初，是塞外水旱码头河口镇商业发展的鼎盛之时。晋、陕等地的富商大贾纷纷来河口投资经商。口里许多商行派人常驻河口码头，经营往来商务。商市的繁荣必然导致市民阶层的辐辏。内地士农工商慕名而来河口者，源源不断。

两家人

表演唱

在这一特定的历史、地理条件下，河口镇的文化也相应繁荣起来。

明清以来，从内地迁来今托克托地区的由年年"春出秋回"到渐次搭伙定居的移民多是山西、陕西人。随之而来的，是当地的晋剧、道情、大秧歌、民歌、社火文艺等民间艺术。这些异地而来的演唱艺术所以能在托克托乃至土默川的平原上流行，"他乡遇故知"是一个很重要的原因。

晋剧、大秧歌、道情等戏剧在土默川一带广泛流行后，一些由成名演员组成的戏班便成为社日、庙会聘请的对象。清以来，托克托地区民间结社成风，建庙成俗，仅河口、托城两镇就有大小庙宇十几座。每年从农历正月十五"开庙门"，到十月初一"关庙门"，社日、庙会连连不断，成名戏班你方唱罢我登场。一镇一城，相隔三里，传统庙会往往错时举办，以延长两处庙会活动时间。一些庙会同聘两班戏对台演出也是常有的事。

在晋剧等"大戏"如此红火兴盛之际，活动在托克托地区的"打坐腔"民间艺人——即现在所说的二人台演员也深受大家喜爱。

二人台的前身——"打坐腔"，在民间广大劳动人民中是最受欢迎的演唱形式。它不受时空限制，无论人多人少，随时随地都可演唱。没有道具，手持一把笤帚即可；没有伴奏乐器，就双手击掌"打拍子"，"干咋梆子"唱了起来。人们在劳作消闲之时，串门"打塌嘴"之际，兴趣所致，便你一句我一声地红火起来。这种劳动人民自娱自乐的清唱，当然也无内容的限制，谁会什么唱什么，能唱几句唱几句。于是，爬山歌、爬山调、码头调、蒙古曲儿、道情、花儿、江南民歌，乃至戏曲唱段……诚如当地俗语所说的"揪烂席片"。一些民间演唱艺人便是在这样的群众性自我娱乐的基础上脱颖而出，成为半职业的、职业的演唱者。也正是这一特定的文化土壤，

表演唱

表演唱·夸托城

孕育了二人台这棵兼收并蓄、水乳交融着晋、陕、蒙等地综合民间艺术的文艺新苗。

当日的水旱码头河口镇，自然会成为土默川民间艺人频繁活动的地方。

河口历来是农业与商业并举，农民与市民共处，村社与商社同街的小城镇。这里，既是"大戏"大显身手的地方，也是"小班儿"小打小闹的处所。二人台发展史上一个重要的里程碑——"化妆演出"，便在河口诞生了。

有资料记载，清朝光绪初年，二人台创始人之一老双羊（萨拉齐人，蒙古族），从年轻时起一直"打坐腔"，唱到六十多岁时，年老气衰，嗓音不济，渐渐地失去了观众。于是他就和他的儿媳妇想出一个办法，把"打坐腔"变成"化妆演唱"，结果大受欢迎。而首次试行"化妆演唱"的地点就在托克托县河口镇。从此，这种新兴的演唱形式在内蒙古西部地区流行起来。当时蒙古族著名艺人老双羊在民间坐唱基础上创造了有生、旦角色，有简单故事情节的"化妆表演"，标志着二人台由民歌清唱走向歌舞剧、由业余演唱走向专业化的开始。

中华人民共和国成立前，二人台艺人被视为"下九流"，社会地位低下，生活状况凄苦。但是，为了生计，为了艺术，许许多多的民间艺人依然在这块长期荒漠的艺苑里含辛茹苦、惨淡经营。其中，不乏子承父志的艺人世家。在土默川众多的二人台前辈艺人中，有不少是今托克托县人。

托克托地区最早从事二人台职业演出的艺人，现已无法追溯。据二人台老艺人、内蒙古最早的职业剧团——民艺剧社的发起人之一贺炳回忆说，他在十七八岁时（生于1906年），曾在托克托县的孙富和"父子班"里帮忙打四块瓦。一年后，正式当了孙富和的徒弟，并和一个从托克托县来的打玩意儿的小班一起唱过。据此推测，孙富和从艺时间是在清末民初之际。其时，常与孙富和搭班演出的还有托克托县的二满子。

民国时期迄中华人民共和国成立，托克托地区从事"打玩意儿"的民间艺人数不胜数。至今，土默川地区仍然流传着一句俗语："托县出了一斗芝麻的戏子。"这主要是比喻托克托县二人台艺人之多。其中，现在可知的名气较大的有托城北街的窦七十九，古城的李宽如、大金有、存万子、冯二、王存驹，畅家新营子的孙银、孙广库，老官营子的薛广东、陈四太等等。这些知名艺人中，既有演员，又有乐师。他们分别组班，成为职业或半职业乐团，不仅活跃在托克托、和林格尔、清水河、准格尔、萨拉齐、包头、武川、临河、陕坝、四子王旗等内蒙古中、西部区，有的还到河曲、府谷、神木等地演出。

在托克托县众多的二人台小班中，五申镇的两间房村的王在山班很有代表性。

表演唱

表演唱

王在山（亦名老虎）生于1905年，是土默川上颇有名气的二人台丑角（俗称"滚边儿"）演员。据传，丑角所持的纸鞭（后改为绸鞭）始于王在山。和王在山搭班的除孙广库、孙银、王掌财（南窑子村人）等本县艺人外，二人台的名艺人任富财（今土默特右旗双龙乡人）、高金栓（今土默特左旗大岱乡人）、刘银威（今土默特右旗双龙乡人）等也曾经长期和王在山同班演出（因这些艺人的家乡与两间房相距仅一二十里）。

任富财最初拜师窦七十九。其徒弟刘银威、王发、刘栓（均为土右旗人）曾与王在山的长子王兵小常年同台演出。与王在山搭班的孙广库，是丑角名家。他的霸王鞭更是名驰土默川，人称"三路鞭子"。他的霸王鞭打开分上、中、下（头、腰、脚）三大路，连三挎五，前后左右，上下翻飞，令人眼花缭乱。生旦对舞，鞭法丝丝入扣，有"凤凰三点头""风卷残云""老虎归山""急急风""老牛拉车"等许多舞姿套路。特别是在火炮曲子中，他的霸王鞭更是神出鬼没，令人叫绝。

王家戏班的双鞭（纸鞭、绸鞭与霸王鞭）刚柔相济，各具风采。演出时，根据剧情，交替使用，以致其"带鞭戏"如《打金钱》《打连成》《挂红灯》等名闻遐迩，独步一时。

与王在山、孙广库长期同台演出的高金栓，是土默川的名旦角，人称"金栓旦"。其扮相俊美，做戏细腻，唱腔悦耳。据说，某年农历二月二，王家戏班到五申村演出。当地风俗，二月二将过年供神的"枣山山"在干锅上烤干后全家分吃，叫"咬苍蝇头"。某家少妇，为争占"前台口"，匆忙中，推开锅盖，将枣山山扔进锅里就急匆匆奔到戏场。等散戏后回家揭开

歌剧·小二里结婚

二人台·压糕面

锅盖一看，枣山山泡在半锅冷水里，被浸成一堆面糊。于是，当地就流传下了一句顺口溜："为看金栓旦，枣山山泡成个稀巴烂。"

托克托县不仅有名演员，而且有名乐师。

古城村王新年，是个勤劳本分的庄稼人。他爱好民间艺术，吹拉弹唱，样样能行。他有三个儿子，长子王存牛，次子王存驹，三子王五驹。农闲时为制止儿子们沾染赌博恶习，就自制了四胡、扬琴、竹版等乐器，父子四人各抄一件，与家人自娱自乐。王家父子自然而然成为村中社火活动和业余坐腔班子的重要成员。王家三子，以王存驹艺技最精、名声最大，人称"神枚"。一支曲子，在他的竹管里，犹如山崖涌泉，时而奔腾直泻；时而迂回婉转；时而湍急跳荡；时而平缓自如，使人听了，一气呵成，无换气之感。

孙广库的大哥孙银，是土默川上的四胡名家。他的"大弓大尺"

二人台·君子津

弦弓法、特技指甲顶弦法，令同行艺人倾倒。

孙银是王在山戏班的乐器台柱子。常与之配武的乐手是王二老虎（王在山二弟），工于扬琴；周三眼，擅长吹枚。王家戏班的"牌子曲"演奏，如同剧目演出一样，倍受观众喜爱。

日寇侵华后，社会暗无天日，人民朝不保夕。许多二人台职业艺人纷纷弃艺改行，各地二人台演出长期消沉冷落。其时，托克托地区的"洋烟市"却畸形繁华。但"洋烟市"却为打小班的艺人们提供了演出的机遇和场所。以致在别处二人台几近销声匿迹之际，活动在托

二人台·挂红灯

克托地区的艺人们如刘银威等，却可借一年一度的"洋烟市"献艺谋生，从而也延续了二人台这一剧种的生命。

中华人民共和国成立后，托克托县的二人台艺术更趋繁荣。1955年，县文化部门多次举办全县的戏剧汇演，从几十个业余剧团中选拔优秀演员，成立了县二人台专业剧团。专业剧团既演出经过改编的传统二人台节目，也表演移植的古装剧和现代戏。其代表剧目《小寡妇上坟》《小二黑结婚》等，参加内蒙古自治区、呼和浩特市戏剧调演，获得多项奖励，梁玉文等一批优秀演员成为蜚声内蒙古戏剧界的著名演员。其后转制的托克托县乌兰牧骑，许多自编自演的现代戏剧歌舞节目遐迩闻名，影响广泛。

近年，由托克托县县委、县政府组织创作的大型二人台《君子津》获呼和浩特市"五个一工程"奖。

风味特产

风 味 特 产
FENGWEITECHAN

葡萄湾采摘葡萄，再到农家大院品尝香飘塞外"托县炖鱼"、精细油香嫩豆腐、香而不辣"灯笼红"、色香俱全油炸糕，特产丰富的托克托让人流连忘返。

进贡皇帝珍珠米

传说清朝光绪初年，黄河发大水。朝廷派了一位姓尹的钦差大臣奉旨来托克托县河口镇查看黄河水情，那时的河口被称为塞外商埠。一天，这位钦差大臣走在河口的大街上，忽然闻到一股特别的米饭香味儿。他派了一个护卫循着香味前去寻找，在镇中一条巷道的深处找到了米香散发的地方，原来是一户人家正在屋外的露天"春灶"上熬糜米饭。

经了解，这种糜米颗粒大，质地细，煮出的米饭色泽金黄，味道香甜，精细爽口。而且，还有清凉泻火、通肺理气等医疗作用，常年食用可以健胃养肾，强身健体，延年益寿，具有较高的营养价值和保健功能。

尹大人得知这金黄色的糜米如此金贵，便问煮饭的人，这叫什么

米，那家主人说叫金米，尹大人情不自禁赞道："真是满街香啊！"于是，这"金米"又叫"满街香"了。

后来，尹大人奉旨回朝，要为光绪皇帝操办婚事。临走，他就把这满街香的金米当作礼品带了些回到北京。

尹大人让人带着米袋进宫还旨，恰逢英国大臣送来英国女王的贺礼——一座精美的自鸣钟。女王还让人写了一副对联：

日月共明报十二时吉祥如意
天地合德庆亿万年富贵荣华

尹大人也不甘示弱，他要用

糜米

塞外的土特产同英国的洋玩意儿比美，便也写了一副对联贴在米袋上：

和帝同姓含上三旗颜色

与民共食包下里巴香味

这副贺联的意思是：我这米与皇上同姓"爱星（新）"（满语称"金"为"爱星"），（金）是上三旗的颜色——黄白色；君王与老百姓共吃金米，与民同乐，分享普通百姓的特产香味。

就在光绪的婚礼大宴上，御前大臣用这"爱星苏苏（金米）"蒸了一碗碗八宝饭。一揭蒸笼，满堂飘香。大伙一尝，又精又爽口。光绪皇帝大加称赞：塞外珍珠米，香飘十八里。

于是，皇帝重赏了尹大人，还下旨将这托克托黄河畔上特产的"珍珠米"列为每年的贡品。

香飘塞外红炖鱼

托克托县地处黄河中上游分界点，这给托克托县人民带来了天然的黄河渔业资源，"托县炖鱼"更是名声远扬，是黄河沿岸，内蒙古中、西部的一道名菜。"托县炖鱼"所采用原料是当地的黄河鲤鱼，它的特点是嘴大、鳞少、脊背上有一道红线，肉肥味美，独具风味。多少年来，黄河鲤鱼以其金黄色的体表及鲜嫩肥厚的口感备受消

红炖鲤鱼

费者青睐，据传早年还曾是皇宫贡品，所以民谚有"宁舍一犋牛，不舍鲤鱼头"之称，足见黄河鲤鱼的价值。

每年河开冰消之际，黄河鲤鱼被称为"开河鱼"，传说"开河鱼"能治百病。如今的黄河鲤鱼多是人工精养，人们不用等到开河，四季俱可吃到鲜美的黄河鲤鱼。"吃得起鱼，吃不起调料"的正宗"托县炖鱼"，是以猪香油（动物油中之极品）、香而不尖辣闻名中外的托县辣椒、色香味俱全的小茴香慢火炖两小时左右而成。整条鱼色泽红艳，香气扑鼻，全身各处味感均衡未有不入味之处。细腻鲜嫩的质感在唇齿相碰间渗出淡淡的清香袭向你跃跃欲试的味蕾，引诱你的口水泛滥，让你欲罢不能。吃托县炖鱼，品个中滋味，无不叹服者。每年到开河的时候，吃黄河鲤鱼的游客纷至沓来，着实忙坏了当地的餐饮业，同时也促进了托克托县农家旅游业的发展。

近年来，托克托县依托沿黄

河旅游带独特的地理位置，积极引导和发展"农家乐"民俗旅游。当地农民依据天然的有利条件，在黄河漫过的河湾里，引黄河水建池塘精养鱼。那种浑身鳞甲泛着金红色光泽的鲤鱼，劲道的肉质和不带半点儿泥腥的鲜美的味道，着实让托克托县人骄傲。托克托县现已建成鱼塘一千六百多亩，年产鲤鱼、鲫鱼、草鱼、鲢鱼、鲶鱼等鱼类七百万千克。虽然价格比外地鱼高出一倍，但仍供不应求，养鱼池也因此成了当地农民致富的聚宝盆。其中，在海口处临鱼池而建的"老刘炖鱼馆"，更是闻名遐迩。"老刘"名叫刘玉顺，是最早开创托克托县民俗旅游的带头人之一。他家经营着八个鱼塘，散养和精养相结合，年产本地鱼两万五千多千克，全部自产自销。老刘炖鱼最大的特点是"鲜"，现捕、现宰、现炖。"老刘炖鱼"信守"三保"：死鱼不上；外地鱼不上；分量不足不上。再配以二米饭、农家炒鸡蛋、本地炖鸡等，吸引着周边地区的人们慕名而来。每到星期天、节假日，游人络绎不绝，旅游旺季，每天接待客人二百多人。目前，在托克托县以经营托县炖鱼为主的餐饮店已发展到四十多家，托县炖鱼已香飘塞外。

花圪台上倭瓜甜

在新建广宁寺召东侧的岗梁脚下，一个依山傍势高低错落的小村庄，掩映在绿树丛中，这个小村就是远近闻名的花圪台。

花圪台之所以出名，是因为这里有一样特产誉满土默川。在土默川民间，至今依然流传着两句顺口溜："花圪台的倭瓜古城的蒜，喇嘛湾的闺女不用看。"

关于花圪台的倭瓜，托克托县一直传说着这样一个小故事：早年间，在托克托县的菜市场，花圪台村的一个卖倭瓜老汉和别村一个卖倭瓜人碰在一起，那人也吆喝着："买花圪台的倭瓜来！"花圪台的老汉一眼就看出他卖的不是花圪台的倭瓜，对市场上这种"冒名顶替"的做法，花圪台的人们心里早就不满意了。老汉决定借这个机会辨别真伪，维护花圪台倭瓜的正宗名牌。他和颜悦色地对那人说："兄弟，我看你这瓜不是花圪台的，是冒牌货吧。"那人虽然心虚，可强撑着和老汉争辩。围观的人愈来愈多，老汉对着众人大声说："我这花圪台的倭瓜糖性大，现切开，当时再合住，两瓣瓜还能紧紧吸住，咱俩当场打个赌，你的瓜要是也能吸住，我把这担瓜都给你。"说完，随手把一个二尺多

花坞台倭瓜

长，看去有二十多斤重的倭瓜从靠近瓜把处"嘎嚓"一刀切成两瓣，不慌不忙再从刀口处合住，手提瓜把，在人群中大摇大摆地走了一圈儿，切开的瓜严丝合缝，还像整的一般。围观的人们拍手欢呼，就连那位卖冒牌瓜的人也心悦诚服地连声说："我输了，我输了，我的瓜不行。"由此，花坞台的倭瓜名声大震。

花坞台的倭瓜呈红黄色，熟透时，表面长一层微细的绒毛，瓜农称其为"霉"，这"霉"是瓜熟的象征，也使瓜的色泽更加鲜亮晶莹，让人望而垂涎。

花坞台的倭瓜肉厚瓤少，脆而不疏，柔而不黏。其甜味胜蜜而不似蜜，有一股难以言表的清纯"瓜香"。

花坞台的倭瓜和在糜米酸粥里，使原本金黄的"珍珠米"更加晶亮，更加精着，其味酸中有甜，甜中有酸。两种托克托县名产，相辅相成，共同成就了托克托县一盘主副搭配的名餐：倭瓜酸粥。但是，熬粥的工艺不到位，也难品尝到个中该有的色香味。

花坞台的倭瓜精心保存，可越冬放到过大年。人们在过年时熬一盆倭瓜汤，冻在凉房里，再拿回家融化冰凌，瓜脆汤甜，前心打得后心凉，又解渴，又泻火，是调和年节油腻食品的绝好饮品。

花坞台倭瓜之所以成为餐中精

品，源于花圪台特有的水土、小气候，更由于瓜农特殊的、超乎寻常的精心培育。

倭瓜种在向阳背风的梁坡上。小满前几天，先打瓜窝。瓜窝二尺见方，二尺左右深，掏空可坐一个人。第一窝的土扔到窝外，把第二窝的阳土倒在第一窝中，和茅粪（人粪尿）搅拌均匀，再把第三窝的阳土倒在第二窝中，和茅粪拌匀……瓜窝打好后，要晒几天，待窝土温热后，用井水饱灌窝土，土散后下种。秋苗出土，要精心管理，一窝一苗，间隔二尺左右，苗间空地，不得再种任何作物，并需用锹把土深挖疏松，保持通风透气。瓜蔓要逐节深埋五寸左右，掐去旁支，只留主蔓。根瓜（靠近根部的瓜）全部扳掉，在第六、七个叶子处坐瓜。一蔓一瓜。瓜坐成后，掐去蔓头，以保持瓜蔓的营养水分集中供养瓜粒。瓜在生长期，浇水要适时适量。瓜要养到白露后经几场轻霜才能长"霉"熟透。熟透的瓜才色鲜肉厚糖大味香。一片瓜地，瓜粒匀称，个个二尺左右长，七八寸粗，二十多斤重。

花圪台的倭瓜天造地设。民间至今传说，古时候花圪台的山崖上，常年盛开着一朵仙花，远远望去，就像金黄灿烂的倭瓜花。因此，村名就叫花圪台，也因而造就了花圪台的精品倭瓜。

一溜湾里葡萄香

托克托县栽植葡萄历史悠久，尤以黄河湿地管委会一溜湾葡萄著称，是全国42个葡萄基地之一，年产100万千克。

相传早在两百多年前，一向挑剔的葡萄树就在一溜湾一带安家落户了。这里的葡萄别名小玛瑙，穗长粒大，果红透紫，皮薄水分大，含糖高，味道香甜，有股玫瑰味儿，是酿制果酒的上好原料。托克托县云中酒业生产的桂花牌葡萄酒浓香馥郁，就是由一溜湾葡萄精酿而成。

托克托县一溜湾葡萄味香醉人，是与其所处的特殊的地理环境分不开的。一溜湾地属托克托县黄河湿地管委会，北起皮条沟，向南经过花圪台、格图营、召湾、郝家窑，从蒲滩拐东折至海生不拉，绵延三十余里，与准格尔旗隔黄河相望。这里背靠山梁，面临黄河，丘壑连绵，泉水淙淙。正是由于大自然的偏爱，造就了这里独特的土壤和气候。这里春季升温迅速，秋季降温缓慢，对葡萄有效成分积累十分有利。另外，种植于一溜湾丘陵漫坡上的葡萄联结成片，其原始的栽培方式颇为别致：当地果农利用

一溜湾葡萄

最早种下的位于坡顶的母树，逐代往下绵延加以繁衍。这种类似"漏斗"状的架势，有利于葡萄树的大面积采光，从而形成味重浓甜，成分充盈的葡萄果。

每到盛夏，这里就是绿色的世界，满岗满沟满梁，一坡坡、一架架，全是葡萄树，绿叶遮天盖地，枝条纵横交错，一溜湾的村子，整个儿淹没在葡萄树绿色海洋里了。金秋之季，走进盛产葡萄的一溜湾，漫山遍野的浓绿、紫红色，家家户户房前屋后栽着葡萄，真正是"幢幢翡翠楼，层层珍珠塔"，坡坡凹凹，重重叠叠，绵延三十里皆香甜。欣赏着风景秀丽的自然风光，再来到遍布山野郁郁葱葱的葡萄园，现采摘葡萄品尝……那种回归自然的感觉，就仿佛回到了故乡自己的家园。在这个季节，如果你有

幸来到这里，好客的一溜湾人，少不了给你捧上一大盘黑红黑红的葡萄，甜甜的滋味，定然叫你心花怒放、流连忘返。而且，他们也肯定会把那一段美丽动人的传说讲给你听……

那一年的夏天，非常炎热，王母娘娘酷暑难耐，就来到一溜湾的"海眼神泉"洗澡。忽然一股狂风把衣服刮走了，王母娘娘非常着急，恰巧，郝家窑的一位姓郝的年轻人路过，跑了三十余里才把衣服追住，又倒走着把衣服送回。王母娘娘穿好衣服后，看到年轻人满头大汗、气喘吁吁，很是感动，把一颗玲珑剔透的珍珠赠给了他，然后就不见了。年轻人回到家中，天已经黑了。拿出珍珠一看，只见光芒四射，照如白昼，真是一件宝贝啊！从此以后，晚上就再也不用点灯了，而且珍珠是夏天发冷光，冬天发热光。

时间一长，知道的人就多了，也招引来了不少的盗贼，年轻人无奈，就把珍珠埋在了梁底下。一天，又闯来一伙强盗，翻箱倒柜，怎么也找不到珍珠，盛怒之下，把年轻人活活地折磨死了，年轻人死后，尸体却不见了，村里人非常奇怪，更为奇怪的是，那个埋珍珠的梁底，居然长出了一棵葡萄树，郁

郁葱葱，当年就结满了葡萄。而且，这棵葡萄树的葡萄皮薄汁多、味甜爽口、沁人心脾、清新解暑。一溜湾人就把葡萄树枝移植到自家的土地上，成活率百分之百。说来也神奇，这葡萄树仅局限在梁底三十余里的地方，栽到别的位置就不行了。要么成活不了，要么味道大打折扣，要么产量少得可怜。再说年轻人死后，被玉皇大帝封为"葡神"，掌管天下的葡萄。而"葡神"也有私情，他对自己家乡的葡萄特别关照。一溜湾的葡萄，本来就是王母娘娘的珍珠所化，再加上"葡神"的特别关照，与众不同也就理所当然了。

托克托县的葡萄香甜醉人。晒成干，使你垂涎欲滴；制成酒，使你神魂颠倒。近年来，托克托县县委、县政府把葡萄种植作为又一个重要特色产业，全力打造这一品牌，并根据市场需求，积极引进了奥古斯都、火焰无核等五个葡萄新品种，种植面积逐步扩大。目前，葡萄种植面积已达八百亩，其中温棚种植有一百多亩。现在，每当葡萄熟了的时候，一溜湾里车如长龙，人如潮涌。托克托县葡萄已成为驰名塞内外的特色产业，吸引着四方嘉宾，八面来客。

精细油香嫩豆腐

"托县豆腐"久负盛名，闻名遐迩，依托黄河流域一带的水质和独特的加工工艺，制做出的豆腐细腻光洁、爽滑筋道。你若将托县豆腐切成一分厚，炖出后即成两分厚，而且大火、小火都无妨，越炖越筋道，香味四溢，实乃上等的美味佳肴。

托克托县城乡约有大大小小豆腐作坊三百多家，日产豆腐有五万多斤。位于托克托县双河镇第一居委会的张静家就是一家规模比较大的家庭式豆腐作坊，每天早上6点，当大多数人还在梦乡的时候，张静家的豆腐坊就已经做出好几锅热气腾腾的豆腐了，他们家一天做二十多锅、约有一千五百斤豆腐。自家的两辆保鲜车昼夜不停地把做好的豆腐送到呼和浩特、包头等地。老锅，老手艺，老味道，卖的就是个"土"味，靠着传统的工艺和百年豆腐坊的名气，张静家渐渐形成了固定的销售渠道，豆腐也卖上了好价钱。

"托县豆腐"味道独特，是因为用浆水"点"的缘故，这也是当地制作豆腐的特殊工艺。做豆腐的原料，也是当地生产的黄豆、黑豆和灰老婆豆（也叫羊眼睛豆或驼鞍鞍豆）。"托县豆腐"制作过程传承传统的做法：将这些杂豆经过十几个小时的浸泡，磨成豆浆，然后，放在锅上烧开。从这道工序开始，"托县豆腐"就有了"两熟"和"一熟"之分：用热气管的热气直接把锅里的水吹开，温度要达到100℃，这叫"一熟豆腐"；"两熟豆腐"是锅底另外还要用碳火加热烧开，两处热源，所以被称作"两熟豆腐"，也叫"糊粑豆腐"或"农村豆腐"。大缸里发酵好的酸浆水，就是"点"豆腐所用的浆水，酸浆往锅里加时不能倒，要用瓢慢慢地、均匀地舀到锅里，动作要轻柔，但在锅里翻浆时要慢而有力度，这才叫点豆腐，多少浆，点多少豆腐，这是只有老师傅才掌握的秘密。等到锅里飘起豆花，豆腐就点成了。这时的豆花，也是一道美食，俗名叫"豆腐脑儿"，您若盛上一碗，用胡麻油炝上枳檬、葱花，加点咸盐、味精，最好再夹上一筷子农家的烂腌菜，定会让你大饱口福，尝到小时候才有的味道。边吃着"豆腐脑儿"，边看着师傅将清汤水分离出来，再倒回缸里发酵，这就是点豆腐所用的"老浆"了。将豆花舀入豆腐糟，抹匀盖上

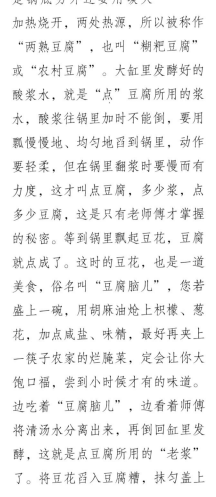

托克托县豆腐

纱布，然后再扣上木盖，用两根木棍组成杠杆，压出多余的水分，豆腐就成型了，这就是传统的托县豆腐的制作方法，多少年来，一直沿用至今。

"托县豆腐"的另一大特点就是结实、筋道。人们常说做熟的豆腐提不起来，而"托县豆腐"则可用铁丝钩把豆腐的拐角钩住，提起来，豆腐不会掉下来。

"托县豆腐"之所以出名，就是因为它的纯正。如今，"托县豆腐"这一颇具地方特色的饮食品牌，渐渐打出了名气，除满足本地人民需求外，还远销呼和浩特、包头及周边旗县等地，成为人们日常生活中饭桌上离不开的必备品。它因价廉物美，营养丰富，纯绿色，口感好，易消化，而受到越来越多的消费者的青睐。

色香俱全油炸糕

土默川地区盛产黍子，尤其以托克托县伍什家镇黍子最为有名，是当地主要的粮食作物之一。1990年，在中国北京举办的亚洲体育运动会，将县境伍什家镇产的黄米制成的"油炸糕"作为专用食品。

托克托县居民多为山西移民，素受山西民风影响，爱吃面食，而黄米油炸糕便是其中之一。

煮烂后的红豆加白糖搅拌而成，还有土豆韭菜馅、粉条豆腐馅等。吃的时候，将鸡蛋大小的素糕剂子和馅包成大饺子形状，用滚热的胡麻油炸过就可食用。黄米油炸糕做好后，色泽金黄，外脆里粘，米香浓厚，口感筋软，是本地城乡百姓特别爱吃的一种面食。

黄米油炸糕这种当地人最喜爱的传统风味食品，其谐音为"又

油炸糕

油炸糕制作很讲究。黍子脱皮后称黄米，将黄米淘净，晾干，磨成粉。再用温水拌成豆腐渣状，饧上半个小时，让水充分渗透到面中，均匀撒在笼屉里，上锅急火蒸熟后倒在面板上或瓷盆中，趁热用双手蘸凉水，作拳头状，使劲揉搓，名曰：踩糕。油炸糕的馅是用

高"。因此，当地老乡常常将其作为孩子升学考试、逢年过节、婚丧宴请、盖房上梁的主食。人们吃糕以图吉利，尤其是乔迁之喜必要吃糕，而且有"搬家不吃糕，一年搬三遭"的讲究。托克托县的农村人家过了腊月二十三就将糕炸出来，冻储在凉房的大缸里，预备过年食

酸米饭

用，正月里吃隔年糕还有"年年高升"的意思。

托克托县油炸糕最大的特点是耐饥饿。托克托地区流行的说法是：三十里的莜面四十里的糕，十里的豆面饿断了腰。所以，过去人们出远门走长路，都要香香地吃上一顿大烩菜和油炸糕。

河畔酸米饭

"托县酸米饭"的叫卖声此起彼伏。在夏日的中午时分，收拾得干净利落的大嫂子、小媳妇推着三轮车在路边吆喝着，下班的人们纷纷凑上前，顺便要带上几份，最让人高兴的是还有"酸米汤"免费赠送。说起这"酸米汤"可是好东西，它酸甜可口，消暑止渴，让人百喝不厌，是黄河沿岸独有的一种特色饮食"酸米饭"的附属品。

"酸米饭"由来纯属偶然，还有一段美丽的传说。据说古代有一支农民起义军渡过黄河，驻扎在山西的一个小镇上。当地老百姓皆大欢喜，家家户户泡米为将士准备饭菜。谁知情况有变，起义军临时改变路线，绕道而过。而老百姓泡的米太多，一时半会儿吃不完，放得时间长了就发酸。老百姓舍不得扔掉，就用发了酸的米煮成米饭吃，发现并没有影响其食用价值。后来人们便故意将糜米泡酸做米饭食用，慢慢发现这种酸饭能开胃健脾，护肤美容，味道更是妙不可言。有人研究发现"酸米饭"中含有一种乳酸菌，食后可帮助消化，增进食欲，能使人体得到更多的维生素。

明末清初，"酸米饭"随着山西大批"走西口"移民长途跋涉，辗转传到黄河上中游分界处的水旱码头——河口镇，并在托克托地区流传开来，受到当地人民的青睐。

"酸米饭"是黄河两岸特有的地方风味食品，因为这里盛产的糜子，出皮后就是做酸米饭的原料，用大米是做不出来酸米饭的那种独特味道的。这里的人们，几乎每家每户的锅台上都放着一个擦得黝黑发亮的陶瓷罐，称之为"浆米罐子"，里面放着一些"酸浆"，这种"酸浆"如果经常使用是不会坏掉的。制作酸米饭的方法很简单，只要将淘洗干净的糜米放入预先准备好的"浆米罐子"里，放在热灶头上，经过一晚上发酵就可以了。如果想换口味可放入一些土豆、倭瓜、番瓜或红薯，等煮到半熟，就可以把发酵好的米下锅了。焖煮一段时间后，把多余的米汤舀出一些来，再不停地用勺搅动，这样，煮出来的米饭更筋道。吃时，再调上点辣椒油，往米饭上一抹，其味酸中有甜，甜中有辣，佐几筷农家自腌的"烂腌菜"，味道更鲜美。这酸米饭还有这么个特点，菜越清淡越可口，如果你用大鱼大肉下饭，反倒没什么意思了。

吃酸米饭有两样好处，一是非常耐饿，解渴，农民们早上吃酸饭，在田里干半天的活，既耐饿也不会觉得渴。另一个好处是糜米经过发酵以后，做出来的酸饭不容易发馊，即使是炎炎夏日，在没有冰箱的年代里，隔一天也能吃，在那物资匮乏的年代，这也许才是酸米饭起源的真正原因。随着人们生活水平的提高，物质极大丰富，各种美食花样百出，应有尽有，但人们仍然对酸米饭情有独钟，它已登上了各家饭店的"大雅之堂"。近年来，人们回归自然，回归田园的情愫日益浓厚，托克托县的酸米饭与炖黄河鲤鱼、山野菜等纯正的农家风味菜肴，吸引城里人纷纷远离都市喧嚣，来品味乡村风情。

名品"灯笼红"

闻名遐迩的托克托县红辣椒，别名"灯笼红"，其色鲜、肉厚，且果实富含丰富维生素C和维生素A，以香而不尖辣著称。每到夏秋时节，鲜椒上市了，一串串鲜红的辣椒把各家小院装点得红红火火，同时也是商家收购的旺季。说"托县辣椒"味道独特，还在于它传统的制作方法：辣椒晒干后，手工用"铁钵"捣成小碎片，然后以七成熟的托县纯胡油一炝，色、香、味俱全，是"托县炖鱼"、炖豆腐、粉汤等地方特色食品的主要调料。

托克托县黄河湿地管委会格图营一带的辣椒更是托克托县辣椒中的上品。据了解，该村种的辣椒

托克托县辣椒

好吃，是因为其所处独特的地理位置。这一带位于黄河拐弯处丘陵与平原的交界地带，属于"向阳坡"。在辣椒生长期的早春时节，这里地温较平地高出2℃—3℃，日照充足。正是因为这种"小气候"，所以这一带产出的辣椒含油量大，色泽鲜艳，特别好吃，辣椒也卖得最贵。一般每亩能产3500—4000斤，除去成本，一亩地种植辣椒可以净挣3000元，收入是种玉米的4倍。因此，辣椒成为这里农民的主种作物。

托克托县黄河湿地管委会格图营村的辣椒好吃，而新营子镇种植辣椒则产量最高。多年来，新营子镇的农民一直用小土井浇灌，保持了红辣椒特有的品质和风味，味辣而香。随着交通便利，辣椒可以卖到呼和浩特市及其他地方，销量特别好。这样就带动了当地农民开始大面积种植辣椒，全镇每年产鲜椒约五百万斤，以每斤鲜椒两元计算，仅此一项，该镇可人均增收两千多元，这已成为当地农民致富的一个重要来源。

现在托克托县有两家上规模辣椒加工厂，以先进的工艺生产瓶装辣椒油、袋装辣椒面，冠以"香辣传奇""香辣王"品牌，再配上精美的包装。这样一来，既方便了消费者食用，又为农民创收不少。如今，"灯笼红"辣椒，已成为托克托县著名的地方土特产，是馈赠亲朋好友的佳品，并已进入全区各大超市及大中型农副产品市场，周边旗县的人们都可以品尝到正宗的"托县辣椒"了。

风光壮丽

风 光 壮 丽

FENGGUANGZHUANGLI

托克托县秉承着海生不浪的中华文明、胡服骑射的改革创新、"君子津"的诚信仁爱，展现着历史文化与现代文明交相辉映的魅力风采。

风光旖旎一溜湾

纵卧托克托城南的南梁高岗，北起东胜卫古城，南至海生不拉新石器时期先民遗址，绵延近三十里。山梁北段，大黑河从西坡下南流，注入黄河。山梁南段，黄河与之一路平行，相携出境，山光水色，形势壮丽。先辈托克托人，尊崇其为"土龙"，为之赋予一个又一个美丽的神话，动人的传说。

沿宽阔平坦的滨河路，出旧城，入皮条沟，就进入风光旖旎的一溜湾，即遐迩闻名的葡萄湾。蜿蜒起伏的山坡，纵横交错的沟壑，满眼是高低错落，鳞次栉比的葡萄园。盛夏绿荫如盖，金秋红果满枝。经花圪台、格图营、东营子、郝家窑，直到毛不拉、海生不拉，二十里山湾不断，二十里葡萄相连。一溜湾里的村落，村落里的人家，依山傍势，南北狭长分布，东西梯层筑屋。远眺，村庄民居掩映在葡萄丛中，纵目眺望，映入眼帘的，除了绿，还是绿。走进村庄，在翡翠迷宫中的民居中迂回辗转，你就会发现，山湾人家的院落，家家无院墙，房前屋后，都是层次分明，错落有致的葡萄架。葡萄架下，间或有几畦瓜菜，看得出，它们在葡农院里，只是一种陪衬点缀。

一溜湾的山沟有深有浅，有

一溜湾

山湾春晓

宽有狭，但沟沟是葡萄的家园。沿着沟中崎岖小路拾级而上，路畔参差有序的葡萄架随沟延伸，似了非了，未知穷尽。葡林深处，兀然隐现一两间砖房、土屋。身居闹市，在尘嚣中忙忙碌碌的人们，亲临此境此景，目染幽林翠色，耳聆泉吟鸟鸣，身浴浓荫轻风，悠悠然，欣羡之情，油然而生。

一溜湾葡萄已有二百多年的种植历史。现在，一年一度的"葡萄节"，是一溜湾葡萄集中销售的黄金时节。届时，环村的水泥公路上，大小汽车蜂拥蚁聚。来自四面八方的游客，散布在山坡上、沟壑里的葡萄架下，边无偿品尝葡农殷勤款待的串串葡萄，边观赏葡萄园的秀丽风光，然后，大包小箱，满载而归。为进一步做强一溜湾葡萄观光带的产业效应，黄河湿地管委会投资一百多万元，沿一溜湾梁底新修了观光水泥路，使山上梁下的

葡萄园形成一条以葡萄采摘、观光为一体的10千米农业观光旅游带。同时投资45万元，对一溜湾农户房屋进行了美化，完成美化面积5.5万平方米。投资50万元，完成了道路亮化工程。

围绕建设葡萄规模化种植基地，积极推动葡萄酒庄园项目建设，支持引进瑞沃葡萄酒庄园项目。项目规划投资4亿元，项目建成后还将极大地改善当地的生态环境，促进区域经济持续、快速、健康发展。目前酒庄投入资金1亿元，征用建设用地320亩，流转种植葡萄土地三千余亩，完成1500亩种植园土地的平整和种植，配套1500亩灌溉管网，酒庄、员工宿舍楼、接待中心等主体设施正在建设中。

为把托克托县建设成为"独具北疆特色的旅游观光、休闲度假基地"，政府组建了黄河文化旅游区创业园，为企业和个体投资人在

一溜湾葡萄种植基地

旅游区创业提供政策咨询、创业培训、创业指导和信息服务。

今日的一溜湾，不仅是驰名区内外的葡萄基地，作为托克托县打造全市一流的文化旅游基地，其建设规模如花初展，如日始生。现已运行的旅游景点有：神泉生态旅游景区；新建的广宁寺；一溜湾山庄农家乐旅游项目；湿地鱼禽养殖与旅游观光项目等。其中的神泉生态旅游景区，融塞北景观与江南风光于一园。景区内神泉泉水喷涌不息，泉水清纯甘甜。有奇石馆、翡翠湖荡舟、黄河母亲广场、喷泉广场、茶楼、戏台、珍禽观赏园、黄河大舞台等主要景点，各景点风景各异，特色鲜明。从景区乘索道缆车横穿黄河上空便是黄河西岸上的库布齐沙漠游乐区，沙漠冲浪、滑沙、骑骆驼、沙漠卡丁车、沙漠越野、野营俱乐部、沙雕区等游乐项目一应俱全。整个景区充分利用境内的黄河、沙漠、湿地、黄土高坡、神泉、古云中文化等旅游资源，兼具古典园林气息和自然地域风貌。该景区内还有旅游产品果蔬采摘、特色餐饮、游船、垂钓等观光服务设施。

一溜湾，正以其日新月异的瑰丽风光吸引着来自全国各地的嘉宾游客。

南湖春色

从托克托县城沿明朝东胜卫故城南城墙下的柏油路西行，出托克托旧城南街，水光潋滟，苇绿鹅翔的南湖便呈现在眼前。

采摘果实

123

苇丛渔舟

南湖坐落于托城与河口之间。东以沿黄公路与苍茫蜿蜒的南梁相隔，西因护城大堤与黑河一水中分。千亩湖泊，清平如镜，清风徐来，水波不兴，岸柳婆娑，野鸭凫泳，苇丛同亭榭，蓝天与白云，相携投影湖中，在水中绘就一个晶莹的空间，令人神往，引人遐思。环湖岸畔，星星点点的五彩遮阳伞下，来自各地的钓鱼爱好者们，个个凝神静气，等待上钩鲤鱼。"南湖垂钓"遂成托克托县一大景观。

南湖原叫南滩，是托城、河口两镇交接的一滩空地。20世纪60年代，托克托县成立水产管理所，将南滩辟建为精养鱼池。进入20世纪90年代，扩建水面，修筑亭台水榭，培植花木水草，置备游艇钓台，命名为南湖公园，成为托克托县的一个旅游景点。

南湖西堤，是原托城、河口护城堤的一段，俗称顺水坝。清中叶至民国初年，北起托城北阁，南过河口到皮条沟，连绵十余里的顺水坝下栽植着千余株柳树。"生机畅茂，叶绿荫浓，为夏日行人憩息之佳境也。"又"相传同治六年马化龙之乱，回兵已薄黄河西岸。是日河口各商号闻警，于晚间各派一人，持红灯沿堤巡逻，休息时则悬灯于树。回兵见灯光树影，疑有重兵守卫，遂不敢侵入。次日援兵即至，城赖以安"。（引文见《绥远

南湖晨曦

南湖霞光

通志稿》）历经数百年，昔日葱茏茂盛且立有"战功"的河堤柳，早已从行人的视野中消失。如今在南湖西堤残存的几株枯绿参半的老柳树，也不知是当年堤柳的几代子孙。它们虽与春光明媚的南湖景观不相协调，但可作为托克托县一段沧桑历程的见证，为南湖春色点缀些许历史的色彩。

站在西堤眺望，南湖的远景近影尽收眼帘。东岸，高低错落色彩斑驳的各式建筑物鳞次栉比。沟壑交错茫茫无际的南梁纵卧南北，东北向的梁顶上，巍峨苍凉的东胜

卫南、西城墙在角亭下交汇，分赴东、北……打开相机，调整焦距，从不同角度，会给观光者留下景色各异的永久记忆。

按照《呼和浩特市托克托县黄河湿地文化旅游区总体规划》，南湖被命名为云中湖。其建设目标为：以内蒙古自治区实施沿黄城市经济发展战略为契机，利用南湖优美的自然环境，深入挖掘河口古镇商贸文化、黄河文化、君子津文化内涵，将人文、历史、自然、生态与旅游发展有机结合，以云中优美的形象为创作理念，打造九大建设内容，为游人提供一个集生态保护、旅游观光、休闲度假、野外垂钓、山地探险为一体的生态休闲旅游度假地，打造现代滨

浅浪拍岸

苇荡

水星级度假胜地，实行资源优势向经济优势的有效转变。

满目绿意盎然
塞北胜似江南

走进托克托，满眼的浓浓绿意让人舒心惬意，一条条高速路、公路恰似绿带蜿蜒飘逸着绿的神韵，穿行在托克托大地的每一条大街小巷，街道绿树成荫，小区花草成景，一个个游园玲珑剔透别具特色，一个个景点风姿绰约宛如跳动的音符，目之所及，一切都显得绿意盎然、生机勃发，令人心旷神怡。望着眼前这一幅幅宜居优美的画卷，您会不由地感叹短短几年时间里托县在城区生态建设方面所取得的骄人业绩。

近年来，托克托县围绕建设融历史文化与现代文明为一体，人文环境、社会环境与生态环境有机统一的呼和浩特市一流卫星城镇的目标，改造、修建游园广场，不断完善基础绿化建设，坚持不懈地开展大规模植树造林活动，提升城镇品味，改善居民生活环境，向建设"生态、宜居、幸福、美丽"托克托进发。

总投资2亿元，新建改建托克托文化广场、利源游园、云中文化休闲体验园、东胜文化广场、平安

玫瑰园文化广场

东胜文化广场

游园、托克托人民体育场北广场、玫瑰园文化广场、云中文化广场等风格各异的广场游园8个，建设总面积达52万平米，极大地丰富了民众的生活。城区绿化美化建设工作同步推进，已在县城栽种行道树5000多棵，放置移动花盆400多个，培植修缮绿化带28.8万平方米，草坪11万平方米。到目前，主城区绿化面积约513万平方米，城镇绿化率达到了36.6%。

2014年以来，投资6亿多元，完成道路、厂矿园区、黄河沿岸、村

文化广场全貌

屯、城区等重点区域绿化3.17万亩。如托克托工业园区投资9000万元在工业园区20万平方米面积内进行绿化工作和道路沿线生态环境治理，其中主要对园区管委会周边、明珠广场、发展大道等进行绿化美化，并对腾飞路、能源路、铝水道等道路沿线进行生态环境治理，主要栽种槐树、樟子松、云杉、山桃、火炬

等树种；呼杀公路和托连接线绿化项目圆满完成，项目建设长度9.7千米，每侧绿化宽度50米，绿化面积1400亩，共栽植樟子松、竹柳、金叶榆等苗木8万余株。

为了让云中大地更绿，让黄河岸边更美，近年来，托克托县实施了天保封山育林1万亩工程。每年春光明媚，植树好时节到来时，托克托县县委、县政府主要领导带头，组织全县各党政群机关、学校和驻托单位广大干部职工集中开展了春季义务植树活动，共栽植各类针叶树37万株，栽植成活率达到95%以

改造前后的云中文化广场

上，"栽下一棵绿树，增绿美丽托县"。在托克托县，植树造林早已不是一句口号，而是转化成了实实在在的行动。

初春的傍晚，漫步在规模宏大、气度不凡托克托文化广场，只见假山，音乐喷泉，各具特色的雕塑、凉亭分布在广场四周，花卉、绿植点缀其中，听到一对老年夫妇发出由衷地感叹："政府投巨资改造、新建了游园广场，实施绿化美化亮化工程，改变了城区面貌，也为我们老百姓也提供了一个宜居舒适的生活场所，这哪里是塞外，明明就是江南吗，哈哈……"

云中文化广场

广宁寺今昔

原广宁寺坐落于托克托县召湾村的半山坡上，为本县一大名胜。

原广宁寺白塔

广宁寺坐东向西，背负沙梁，面临黄河，全寺占地面积八十余亩。一条南北通衢大道横卧寺前。路东是广宁寺的正门照壁，约二丈多高，三丈多宽，上面雕饰着龙纹图案，中间一座佛龛，供着佛像。照壁后面，一条笔直大道直通寺院正门，道左道右是门洞，穿过相对整整齐齐的两排民房，便到了寺院

胁侍菩萨

正门。门厅两面是威风凛凛的四大天王的塑像，称天王庙。庙南、庙北各有一个山门。

　　进入寺门，是一片空阔的天井，俗称外院。中间两排整齐的参天大树，夹成一条东西甬道，甬道正中，耸立着一根四丈多高的旗杆，甬道南边，是南仓和一口专供寺院喇嘛用水的里井，北边是西仓和观音庙。甬道东端，便是寺庙的主体建筑经堂的沿台。沿台分两层：底层是砖砌平坡沿台（据说，这种平坡式结构的沿台是因为广宁寺的始祖活佛功德超群才特准如此铺砌的），上层是高低式台阶。台阶的平台上，置一五尺多高的庙宇式生铁香炉，香炉正对经堂正门，经堂共有七七四十九间。正殿供寺庙始祖章嘉活佛的塑像。经堂南边是广念房，北边是大仓，大仓又分上、下两院：上院南设客房，专供远方信徒住宿；北设佛爷房和供大喇嘛居住的正厅，东边坐东向西便是五间厅，厅内供设三座铜城。下院的西北角，是喇嘛坟，一片小塔如林而立。

原广宁寺大经堂

原广宁寺佛楼

出经堂东边，踏上数层小台阶，跨进一座山门，便进了里院，里院里又是一组建筑群，两座十王殿南北对称。穿过里院天井，登上东边高高的大台阶，便是一座三层大楼，楼顶与背后的梁头等平，楼下供奉阿尧什佛，楼上供且利铿佛、密宗菩萨。

登上楼顶向西眺望，三层楼、经堂、天王庙、照壁，正好在一条中轴线上。中轴线南北两边的建筑位置各自对称，整个寺院建筑群，整齐美观，层次分明，大小高低，错落有致。

召墙南北，各有一条小溪从梁上湍湍流下，紧紧地环抱着寺院。溪畔的沙岗上，各有一座白塔南北相对，所不同的是，北边的白塔四周，用粗大的铁索拴着四个石狮子，塔的西边便是龙王庙。召前不远处，黄河像一条巨龙，汹涌奔腾，为壮丽的广宁寺增添了雄浑的气势。

当年的广宁寺，殿堂巍峨，富丽堂皇，画栋雕梁，工艺精良。殿顶上那晶莹的五色琉璃瓦，在艳阳辉映下，呈现着一派金碧辉煌、光彩耀眼的瑰丽景象：寺院周围，古树森森；高岗坡上，芳草茵茵；白塔崖下，溪水潺潺，清波荡漾，掠进殿堂层层倒影。寺院里，日日朝钟暮鼓，诵经念佛之声不绝于耳；香烟缭绕善男信女们比肩接踵。

正殿

广宁寺也叫"奉旨召"，是由清廷直接拨款建造的，究竟建于何年，惜无明文记载。民间传说，当年康熙西巡时，曾"驻跸湖滩河溯"，当地人曾为他做过好事，此召便是奉康熙的御旨修建的。寺内五间亭所陈列的三座城也是康熙所赐，原本是纯金所制，后来不知怎么就变成铜的了。那城仿形于努尔哈赤宫殿的形制，工艺精湛，世所罕见。拆开来看是一件件独具风采的工艺品，合而为一，组成三

观音殿

牌楼

座玲珑剔透的宫城。城座是一朵莲花，城壁和城里雕镂装饰着蓝天白云，红日明月，青山碧水，芳草绿树，乃至花果五谷，鸟兽虫鱼,不一而足。而每座城高不足三尺，宽不到二尺！

广宁寺正殿所供的章嘉活佛，传说是一个专为皇帝念"吉莎"经求长寿永安的得道喇嘛，正是他奉旨修召。那日，他从西藏讲经回

来，路过准格尔旗的聚合滩，观见当地风水不错，就回朝向皇帝请款，在聚合滩修了广宁寺。聚合滩在黄河西岸，若干年后，黄河改道，主流奔涌至广宁寺下，广宁寺眼看要被激流淹没。当时寺院的神官喇嘛身披神衣，拈弓搭箭，从黄河西岸向对岸一箭射出，神箭落在格图营的沙梁上。于是，神官喇嘛决定把广宁寺迁到格图营，桩号已经打好，可第二天来一看，连一根桩也没有。打过桩号的地方尽是狗爪踪迹，施工的跟踪寻迹，却在召湾侯家的地里找到了桩号，而且，已经按设计标准重新打好。于是，广宁寺便建在了召湾。

关于白塔上用铁索锁的四个石狮子，也有一段有趣的传说。

一天，河口有一家做豆腐的，到广宁寺要豆腐账，说是本寺的四个小喇嘛常到他家吃豆腐。寺院喇嘛感到很奇怪，因为寺院从来也没

天王殿

有人去他家买过豆腐呀，让他寻找吃豆腐的人，他认遍寺中所有的人，也没找见。此后，寺院的老喇嘛便存上心了，他对全寺明禁暗查，并未发现有私自出寺的喇嘛，可河口那家豆腐店，仍有四个小喇嘛隔三岔五地在夜间去他家吃豆腐。后来，老喇嘛终于发现了，原来白塔下的四个石狮子常在晚上失踪。几经查证，正是他们化人作怪，于是，便把他们用铁索牢牢地锁住了。

"文化大革命"中，广宁寺被拆毁。

2006年12月，经社会募捐，广宁寺重建工程在召湾北侧的花圪台山梁下隆重奠基。寺院占地面积220亩，主建部分占地90亩，设计建筑面积1万平方米。历经数年，至今，寺院中轴线上的主体建筑基本落成。从南往北，依次是牌楼、山

普贤菩萨

门、天王殿、经堂、菩萨殿、大雄宝殿、藏经楼。山门左右两侧的偏殿主体建筑即将告竣。鼓楼、钟楼已接待游人。在建的六大偏殿、四栋偏房、两个方丈院和专供善男信

千手观音

女食宿的东小院亦初现规模。内蒙古黄河书画院附设于东小院。游客在游览广宁寺观风光的同时，还可欣赏托克托县的书画艺术风采。

山门前，万米停车场、七千平方米的游览平台皆已硬化。松柏森森，垂柳婆娑。

寺院西侧，是一座小公园，凉亭座座，曲径盘旋。三万多株各类风景树生机勃发。十多种花果树分布园林间，有的现已迎春绽放。无须几年，这座小公园就是游人观花赏景的清幽胜地。

从2010年始，广宁寺已开始接待游客。每年农历二月十九日的观音庙会，正在续建的广宁寺是车水人涌，川流不息。来自县内外的游客数以千计。寺院内外，香烟缭绕，人头攒动。传统的庙会集市业已形成。

新建广宁寺全部告竣，其建设规模将比原广宁寺更宏伟壮丽。

古镇河口

2005年，由《中国国家地理》主办，全国34家媒体协办的"中国最美的地方"评选活动历时8个月，于10月23日在北京发布了"中国最美的地方"排行榜。内蒙古有五处自然景观榜上有名，它们是：大兴安岭北部兴安落叶松林、呼伦贝尔草原、锡林郭勒草原、巴丹吉林沙漠腹地、黄河晋陕大峡谷托克托县河口段。评介文章说，这几处景观各有特色，其中的晋陕大峡谷河口段：黄河河源至内蒙古托克托县河口镇的上游河段，以及中游下端的禹门口至桃花峪，虽也有诸如龙羊峡、积石峡、刘家峡、红山峡、青铜峡、三门峡等等著名峡谷，但它们都被一系列宽谷盆地分割，唯有内蒙古河口镇至山西禹门口，才构成了黄河干流上最长的连续山谷——晋陕大峡谷。在河套地区东西走向的黄河，此段急转为南北走

远眺河口古镇

黄河上中游分界碑

向，由鄂尔多斯高原挟势南下，左带吕梁，右襟陕北，深切于黄土高原之中。"几"字形的右半边，由平坦而奔腾直下，目睹黄土高原丘壑，泥沙俱下，深涧腾蛟，浊浪排空，"黄"河在这里成就。黄河峡谷的典型风貌尽集于此。

古镇河口坐落于内蒙古自治区呼和浩特市托克托县城南三华里的黄河左岸。从地图上可见，河口正居黄河大"几"字的右上角，是晋陕大峡谷的始端，是峡谷洪流直泻，惊涛咆哮的序曲。从西而来的黄河在这里冲刷出一段宽阔而平坦的河床，波涌浪翻而流势舒缓。她从古镇河口脸前擦身而过，东行不远，突然转首南下，地势由高而低，水流由缓而急，一路奔腾高歌，进入晋陕大峡谷。黄河正因为

有这一段的养精蓄势，才有晋陕峡谷间的"深涧腾蛟，浊浪排空"。也只有亲历这一段黄河水势的"韬光晦志"，才可真切领会峡谷飞流的惊心动魄。这一特殊的地理位置，也许是其被确定为黄河上中游分界处的原因之一。

河口是一个自然风光美丽诱人的地方。她背负隐隐阴山，面临滚滚黄河，隔河眺望，便是茫茫库布其沙漠；她西濒悠悠黑河，东依苍苍岗梁，登梁俯瞰，古镇掩映在碧野绿树丛中。这里山光水色兼而有之。既可欣赏"大漠孤烟直，长河落日圆"的千古壮观，也可感受"解缆风犹紧，移舟浪不兴"的河面幻化，沿河南下，"九曲黄河万里沙，浪淘风簸自天涯"的雄宏气魄就会扑面而来。

"河口段"被评为"中国最美的地方"确是当之无愧！

古镇河口不仅风光秀美独特让人流连忘返，而历史人文荟萃更令人回味无穷。

这里是"君子津"古渡遗址。郦道元的《水经注》记载："皇魏桓帝十一年，西幸榆中，东行代地。洛阳大贾，赍金货随帝后行，夜迷失道，往投津长曰：子封送之。渡河，贾人猝死，津长埋之。其子寻求父丧，发冢举尸，资囊一无所损。其子悉以金与之，津长不受。事闻于帝，帝曰：君子也。即名其津为君子津。"

其实，这位称赞津长为君子的魏桓帝，当时只是拓跋鲜卑族的一个部落酋长。因为他们这一家族的后世人拓跋珪东荡西杀，南征北战，在中国的北部建立了北魏王朝，正式即皇帝位后，就仿照中原历朝开国皇帝的惯例，把他的远祖毛以下的二十七位列祖列宗都封为"皇帝"。这位"桓帝"本名叫猗㐌，也在这次大封皇帝中被封为"桓帝"。

古代，"君子津"曾是一处战略重地，许多与之相关的重大军事行动，在史书中屡见记载。

东晋孝武帝太元元年（376年）10月，前秦符坚命令大司马符洛为北讨大都督，率兵十万，正面进攻代国。大军就驻扎在君子津一带。

北魏太武帝始光三年（426年）10月，拓跋珪的孙子太武帝拓跋焘趁大夏国内乱，亲自带领数万大军"幸云中，临君子津"，正遇天气酷寒，黄河结冰，拓跋焘率两万轻骑从君子津渡河，直奔夏国都城统万城，因城池坚固，未能攻下，领

河口黄河大桥

君子津渡口

兵回到平城。

第二年，拓跋焘领十万精兵再攻统万城，这次还是从君子津渡河西征。与上次不同的是，这次是令人从阴山上砍伐了木材，造船数百条，再用木板铺船上，连环为浮桥，让大军从桥上渡黄河，挺进统万城，大获全胜。

唐太宗贞观元年（627年），兵部尚书李靖与李勣、柴绍、薛万彻率四路大军十万余人，分别在中受降城（今包头市敖陶窑子古城）、君子津、灵武北渡黄河，合伐突厥颉利可汗。

南宋绍定五年（1232年），蒙古国众军在君子津、昭君坟、灵州、怀州等处渡黄河，连续攻打南宋诸地。

从上述史实可以想见，其时其地，君子津当是一个举足轻重的战略要地。

今天，"君子津"已作为中华传统美德的一个品牌，让河口人、让托克托人为之自豪，为之珍惜，为之传承弘扬。

纵贯土默川平原的大黑河在河口处汇入黄河，其交汇处当地人称为海口，千百年来，海口处一直是遐迩闻名的渡口要津。史料记载，隋大业三年（607年）8月，隋炀帝带大军五十万，驻跸榆林（河口斜对岸的准格尔旗十二连城），造"观风行殿"，渡黄河，溯金河（今大黑河），巡幸托克托东北处的突厥启民可汗牙帐，与启民觥筹交错，赋诗尽欢，成就一段历史佳话。

康熙年间，清廷在这里设湖滩和硕官渡，由一位巡河骁骑校领十五名士兵常驻，负责传送公文，查检往来渡河人、物。康熙三十五年（1690年）十月，康熙西征噶尔丹，为凌河所阻，驻跸湖滩和硕，十一月三日，康熙泛舟黄河，其时黄河已开始流凌，大大小小、层层叠叠、断断续续的凌片缓缓顺流而下，凌块相撞，噌轰声应，游舟在凌隙间曲绕漂游，河面澄清，映天耀日。康熙心情愉悦，触景生情，赋诗一首："黄河何汹汹，寒至始流凌。解缆风犹紧，移舟浪不兴。威行宜气肃，恩布觉阳升。化理应多治，嚣氛顷刻澄。"十一月五日，"一夜北风寒，万里彤云厚"。湖滩和硕黄河一段结冰，康熙

龙王庙生铁旗杆

率大军踏冰渡河，如履平地。康熙龙心大悦，又吟诵了《冰渡》一诗。

清康熙中后期，河口至山西保德州的水路开通，河口的码头地位形成。以河口为中转站的黄河水运大干线，上接甘肃、宁夏、青海乃至新疆，下达山西临县碛口。河口是当时塞内外著名的水旱码头，吉兰泰的蒙盐，河套平原的粮油，青海、宁夏、后山的皮毛，经河口源源不绝运往晋陕沿河各地及归化、大同、张家口、京津等地。道光年间，河口成为中国最大的甘草码

河口生铁旗杆

昔日渡口

头。河口对繁荣当地经济文化，促进晋、蒙两地商品经济的发展与交流，其历史贡献功不可没。

清道光三十年（1850年），黄河泛滥，水淹河口。河口人于咸丰年间建起了规模宏大的龙王庙。又于同治元年在龙王庙山门前铸立了生铁蟠龙旗杆。从此，"八扇大门，没耳钟，生铁旗杆十八条龙，盖的个戏台没橡檩"就作为河口龙王庙的"四大景观"而名闻塞内外。生铁旗杆至今巍然耸立，据说，如此精妙绝伦的旗杆，在全国仅有两对。

20世纪30年代，河口的水旱码头逐渐衰落。1937年，日寇侵占绥远、托克托县，黄河水运被封锁禁绝，河口的码头地位彻底终止，煌煌二百余年的码头重镇，就此转产为农业村落。

古镇河口的经济发展，繁荣了一方乡土的教育、文化、艺术，这里滋养了土默川的社火文化，这里诞生了内蒙古二人台的"化妆表演"，这里培育了土生土长的"双墙秧歌"，这里养育了李裕智、苏谦益等老一辈无产阶级革命家，许许多多出类拔萃的河口儿女遍布祖国各地。刘统勋私访过的享荣木店的遗址至今犹存，那歌颂清官，痛斥污吏的动人传说世世代代口耳相传。这里还遗存着当年日本法西斯飞机狂轰滥炸过的残垣焦土，它无言地诉说着河口人永世不会忘记的血海深仇！今日的河口，新农村建设正紧锣密鼓，欣欣向荣。在发展观光农业的同时，凭借得天独厚的地理、历史、人文资源优势，大力

海口风情园

开发旅游业，已成为河口前景可观的新的经济增长点。

河口拥有"君子津古渡""水旱码头""黄河上中游分界"及依然高耸挺立的生铁蟠龙旗杆等历史文化亮点，自然成为托克托地区首选的游览开发之地。

1991年，托克托县政府在河口村南的海口处设置了黄河上中游分界碑"黄河母亲"雕塑、"君子津"古渡标志。接着，个体投资兴建的黄河鲤鱼餐厅、民族风情的蒙古包等设施建筑相继而起。专供旅客泛舟黄河的游艇也开始营运。每逢节假日，从包头市、呼和浩特市及邻近旗县前来海口观光、品尝黄河红炖鲤鱼的游客络绎不绝。河口的旅游业就此拉开帷幕。

2005年，河口村在海口处建起了"海口风情园"，园区占地面积十七亩，主体建筑为仿古式二楼，底楼为客房、歌舞厅，二楼为餐厅，总建筑面积一千多平方米。这是一座坐北向南、古色古香的厅堂式建筑，坐落于黄河岸畔的农田绿树丛中。站在二楼的餐厅，凭窗而眺，黄河东南流，明沙莽莽；花香扑面来，清风悠悠。它是前来河口旅游观光的客人舒适优雅的休憩娱乐场所。

2012年10月，海口风情农家乐专业合作社在河口正式揭匾，标志着内蒙古自治区首家以农家乐注册的专业合作社对外营业。

海口风情农家乐专业合作社依托河口的自然风貌、悠久历史，形

143

黄河夕照

成餐饮、娱乐、住宿、休闲观光、农作物种植、家畜家禽养殖、土特产品开发、加工购销为一体的旅游产业。

2013年，托克托县将原中滩乡沿河的几个行政村规划为湿地区域，并成立了黄河湿地管理委员会。河口村隶属于湿地管委会。

2013年12月，黄河湿地管委会组织制订了《呼和浩特市托克托县黄河湿地文化旅游区总体规划（2013—2020年）》，将河口村纳入规划的中心地带。

规划坚持了文化提升策略，着力打造黄河文化走廊，强化黄河作为项目文化轴线，串联了黄河上中游分界碑、龙王庙铸铁蟠龙旗杆、云中湖公园、神泉生态旅游风

景区、海生不浪遗址等历史文化景点，以沿黄原有文化内涵为基点，发展文化产业的核心优势，融入文化体验产业、旅游度假产业、休闲娱乐产业，打造区域特色滨河生态湿地体验带。

项目实施后，即可建成19个特色鲜明的景区景点，其中的河口古镇社区，位于云中湖景区东南部，由河口和前墙两个自然村组成。现状区域面积1053亩，规划区域面积1058亩。重点打造以古文化（黄河文化、河口文化、君子津文化）为特色的村落，结合商业旅游服务及文化展示等手段，弘扬文化的同时，发展经济及对外贸易，塑造品牌效应。

古镇河口，前程锦绣。

民间传说

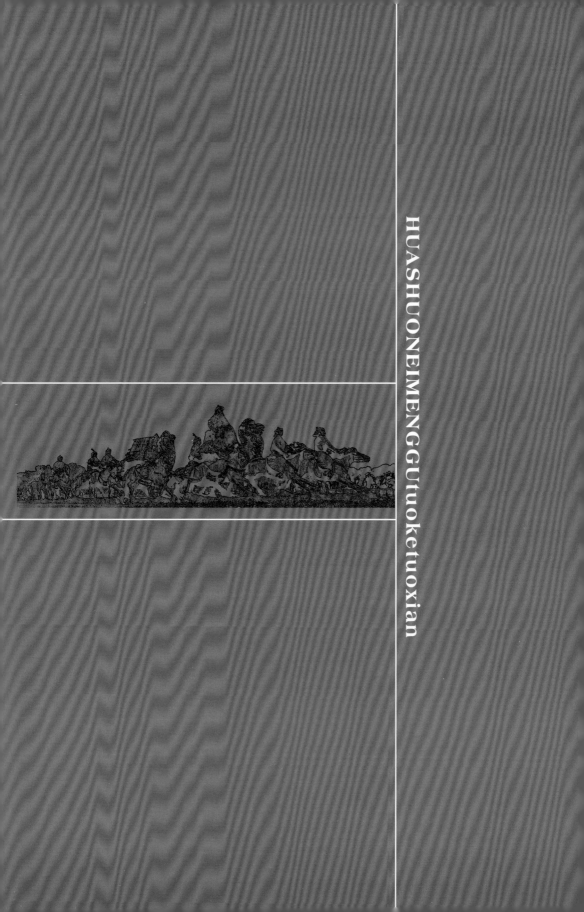

HUASHUONEIMENGGUtuoketuoxian

民　间　传　说
MINJIANCHUANSHUO

河口龙王庙的生铁旗杆以其独特精致，名闻关内塞外。郝家窑村西南，有一泓神奇的泉水，当地人叫"海子"。关于生铁旗杆和神泉，在当地流传着神奇的传说。

神人点化铸旗杆

清朝时，河口镇不仅商业繁荣，人口鼎盛，而且庙宇林立。有关帝庙、龙王庙、禹王庙、财神庙、奶奶庙、真武庙、河神庙、火神庙等等。这里记下的是关于龙王庙的一些传闻。

话，要从清道光末年说起。

道光三十年（1850年）秋，黄河暴涨，濒临河滨的河口镇危在旦夕。一日，河口镇来了一位衣衫褴褛，形容枯槁的老人。他手里持一根小竹竿，上串三颗枣、两颗梨。此人在街面上边走边喊："枣梨！枣梨！"人们问他："你是卖枣和梨的？"他既不答言，也不理睬，只是旁若无人地一个劲儿地就走就喊："枣梨！枣梨！"别的话只字不言。他在河口的大街小巷转了三天，突然不见了。

当天夜里，大雨滂沱，平地水深二尺，镇东南皮条沟村一带，河水冲决堤坝。洪峰眨眼间冲塌河堤数丈，倾天而降，洪水咆哮着，冲向河口镇，此时是七月初二刚打五更。

无情的洪水给繁华的河口镇带来了巨大的灾难，水浸月余，多处房屋倒塌，财产损失无数。

为祈求神灵保佑河口免受水患，咸丰初年，河口各商户集资，在河口头道街择地修建了龙王庙。

龙王庙占地十二亩，坐北面南，正殿供龙王塑像，东有马王庙，西有三圣庙，青砖围墙，南墙东西两角筑有钟楼和鼓楼。庙南，又盖了一座戏台，戏台背面，又修了观音阁。龙王庙建成之后，河口商号、村民又集资在山门前竖了一对生铁蟠龙旗杆。

当年的龙王庙，是个气势雄浑、工艺精良的建筑群。这里有四大景观，闻名遐迩。这四大景观是：八扇大门，没耳钟，生铁旗杆十八条龙，盖了个戏台没橡檩。

龙王庙实在是托克托县一处融建筑、雕塑、绘画、书法、雕刻、冶铸等综合艺术于一体的名胜古迹。令人痛惜的是，这座精湛的古文化艺术杰作，在"文化大革命"中被破坏了！除了那对生铁旗杆幸免于难外，其余建筑俱为平地！四大景观中的三大景，大门、戏台、没耳钟已永难复现，也就无须说了。这里，只把幸存的生铁旗杆及有关传闻略表一二。

生铁旗杆共两根，均三丈六尺高，一左一右分竖于龙王庙门前。河口村民中至今仍然流传着关于生铁蟠龙旗杆的一段顺口溜：

河口镇，一景生，生铁旗杆本爱人。

双和店财东榆次人，太原府里请匠人，正月起工七月成。

竖方斗，四方亭，八骏马，实威风，琴棋书画有功名。

右面做的暗八洞，一对花瓶往上迎。

玲珑斗，做得精，一面铸有两条龙，四面铸着八条龙，生铁旗杆十八条龙。

旗杆顶上风磨铜，一面挂着四个铃，两面挂着八个铃。

大风刮起响连声，顶如北京的景阳钟！

生铁旗杆工艺精巧，令人叫绝。旗杆中部铸一大蟠龙，高约丈余，身缠旗杆，若即若离，昂首奋

尾，鳞爪分明，凌空出世，似腾如飞。龙头上方是一玲珑剔透的翘角方斗，四面各铸二龙戏珠，四角各挂一没耳小钟，与龙王庙钟楼之没耳大钟造型一致。大龙下方的方形斗上，分铸两首五言绝句：

独坐幽篁里，弹琴复长啸。

深林人不知，明月来相照。

——（唐·王维《竹里馆》）

白日依山尽，黄河入海流。

欲穷千里目，更上一层楼。

——（唐·王之涣《登鹳雀楼》）

诗下，分铸一副楷书对联：

海晏河清威灵著绩

风调雨顺亿兆蒙休

一对旗杆，龙头相对，远瞭整体造型如一，细观图案个个相异。整幢旗杆，浑然一体，看不出一处铸接痕迹，铸艺如此精美，真可谓是鬼斧神工。

传说，这样雄伟、这样精巧的庙宇生铁旗杆，在全国只有两对。都是山西路安府南潼村金火匠人王聚文所铸。这两对旗杆铸成后，王聚文就再也没有铸成如此精美的第三对，不是龙头缺角，就是龙尾短爪，总之是残缺不全，美中不足。王聚文一气之下，就再也不铸造生铁旗杆了。以致河口龙王庙的生铁旗杆以其独特精致，名闻关内塞外，唯其珍奇。关于这对生铁旗杆，也就流传着不少神奇的传说。

这么重的铁旗杆，在当时没有起重机械的情况下，又是怎样竖起来的呢？

关于这个谜，还有这样一个神话传说哩。

那王聚文决心在河口这塞外商埠大显身手，铸一对当时举国仅有的生铁蟠龙旗杆。于是，决定就铸就立，而且要从底至顶铸成一体。可施工到高处，问题就出来了，不光用料困难，人站在施工架上，头晕目眩，立脚不稳，要遇上刮风，

就更难存身了。铸旗杆不同盖楼房，人在上面干活，无依无靠，没有活动余地，越到高处风越大，别说干活，就是站也站不住呐。可工程才做到半截，工匠师傅们又不想半途而废，怎么办呢？大伙犯愁了。

这一天，王聚文和大伙正在庙前苦苦思索办法时，忽见一白胡白鬓的老人站在半截旗杆下似笑非笑地打量着。王聚文心想，人上了年纪，经的事多，见的事广，或许会有好办法。他走到老人跟前，恭恭敬敬地向老人问了好，并把所遇到的困难说了，诚恳地向老人请教。

那位老人看了他一眼，淡淡地说："我是个土埋到脖子上的人了能有甚办法呢？"说罢，突然不见了。

工匠们个个大惊失色，再一想，可能是神仙来点化吧，于是，大伙赶紧礼拜，拜罢凑在一起互相议论，一时也想不出个办法。就说那位银须老人是个神仙，可也没教给咱办法呀。还是王聚文有心计，他反反复复琢磨着老人说的那句话，猛然间，省悟了。他高兴地一拍大腿，大吼一声："有办法了！"

众人惊奇地望着他，只见他乐得脸上放红光，眼睛眯成一条线。

他望着众人迷惑不解的样子，大声说："神仙爷说'土埋到脖子上'，这就是教给我们的办法！我

们就照神仙点化的方法办，用土垫高台，既保险又方便，风拦不住，雨挡不住，想铸多高铸多高！大伙说这个办法好不好？"

"好啊！"大伙都高兴地喊起来。

消息传开，河口镇的村民不约而同来到龙王庙，扛锹的，挑担的，没用多少工夫，就筑起一座高土台。从此，旗杆铸多高，土台筑多高。

就这样，河口龙王庙的生铁蟠龙旗杆终于铸成了。

鲜花潭——海眼神泉

托克托县郝家窑村西南方向，有一泓神奇的泉水，当地人叫作"海子"。

关于神泉的形成，当地流传着一段美丽的传说。

很久以前，在今一溜湾的山梁下，住着一对夫妇，两口子恩恩爱爱，勤勤恳恳。夏天同到地里干活，冬天同进山林打柴，农闲时候，夫妻俩还到山下的黄河里打鱼。他们的小日子过得倒也不愁吃，不缺穿，可唯一不舒心的是，年过四十，仍然无儿无女。老两口每当看到人家携儿带女，眼里就泪盈盈的。每年过时过节，就到庙上布施许愿，可直到五十来岁，还是子女皆无。这一年，奶奶庙会上，

老妇人照例备了香礼，跪在送子奶奶圣像前，就哭就祷告："好心的送子奶奶啊，我前世就是造下天大的罪恶，凭我今世的一片好心，也该有个赎清罪的时候。眼看五十过头，无儿无女，日后老两口该谁养活呀？求奶奶开恩，哪怕是蛤蟆蝌蚪，让我生上一个，也了了我老两口做人一世的心愿！"她说了哭，哭了说，叩头叩得满脸流血。

几个月后，她发现自己怀孕了！这真是喜从天降，老两口甭说有多高兴了。十月怀胎，一朝分娩，万万没想到，胎儿落地，竟是一个蛤蟆人！他手脚长得纯粹是蛤蟆的蹄蹄爪爪，虽然头是人形，可额头又高又大，明显像蛤蟆的脑袋。俗话说，养来的心疼自来的亲，就是一只蛤蟆，也是自己的骨肉呀！老两口对蛤蟆儿越抚育越亲了。

蛤蟆儿长到六七岁，显得分外聪明伶俐。老两口把儿子视为珍宝，倍加宠爱。蛤蟆儿因长相不好，和孩子们玩耍时，往往受人家歧视，就常常一个人在村子周围的山里玩耍。老两口起先怕他出事，管得很严，可慢慢发现，这孩子跋山过沟，就像猿猴一样轻捷，大人上不去的悬崖，他不知怎的，三蹦两跳就上去了。慢慢的，老两口对儿子进山，也就不怎管束了。

蛤蟆儿上山经常去的一个地方，叫花圪台，这花圪台在紧靠村边的一道岗梁上。一座齐刷刷的巨石突兀而起，有十多丈高，五六丈宽，像一幢照壁，矗立在村子东边。巨石四周，如斧劈刀削，溜光陡直。南、东、北三面，泉水淙淙，绿草茵茵。唯有对村的西面，既无山泉，又无绿草。花圪台的道道泉水，在山下汇成一汪清澈透底的深潭，当地人叫仙花潭。潭水溢出，成一条小溪，穿村而过，流进村西不远处的黄河。为甚这块巨石叫花圪台呢？原来，这巨石对村的一面，虽无寸草可生，可长有一朵孤零零的仙花，每当仙花盛开的时候，必定是风和日丽的好天气。仙花世世代代开在这里，使这一方水土成为得天独厚的风水宝地。可如今，仙花已有五六年不再现形了，人们提心吊胆地过日子，担心会有什么大祸要降临了。

蛤蟆儿长到二十来岁，父亲下世了。他身高体壮，是一个勤劳善良的好青年，在村里尊老爱幼，在家里孝顺母亲。三村五地，异口同声夸他是个好后生，可就是，他的长相吓人，没人敢给他提亲。老母亲为此愁得秃了头，花了眼，可也无可奈何。而蛤蟆儿对自己的婚事不急，仿佛没事人一般，稍一有

空，就照常到花圪台下呆坐。

却说邻村有个叫鲜花的姑娘，上无兄下无弟，父母只生了她一个闺女。鲜花到了十四五岁，出落得像一朵鲜花，是百里之内出了名的好闺女。多少人家上门求亲，鲜花寻死觅活就是不嫁，说要在家侍候父母一辈子。父母无子，也想为女儿招个上门女婿，一耽二搁，鲜花到了十八九了，还没嫁出去。这一年，鲜花的父母突然相继去世，留下鲜花一人，又无本家近亲，整天眼泪汪汪过日子。邻村一户有钱人家，儿子游手好闲，不行正道，鲜花父母在世时，他家曾多次托人做媒要娶鲜花，鲜花一家始终不答应。这时，他家见鲜花一个孤女子无依无靠，就扬言说是鲜花父母在世时已应下了婚事，如今要娶亲完婚了。媒人送来嫁衣，鲜花又哭又骂，把嫁衣扔到院外，把媒人赶出门外。

一个云遮星月，寒风浸骨的暗夜，鲜花正一个人坐在炕头上伤心落泪，突然，门被撞破，几个彪形大汉闯进家来，鲜花惊呆了，正要呼喊，一个大汉扑上来，用一块手帕死死堵住她的嘴。另外几个人一齐拥上，用一块红毯把鲜花紧紧裹住，由一个大汉扛在肩上，匆匆奔进山里。

拭脸上的汗水。鲜花紧盯着年轻人，一股暖流从心头涌起，仿佛见到久别重逢的亲人，情不自禁，双手揽住年轻人的脖子，眼里涌出惊喜幸福的泪花。

这年轻人正是蛤蟆儿。"蛤蟆儿娶了鲜花！"消息像长了翅膀，飞遍山村水乡。俩人成亲后，如胶似漆，形影不离，小日子过得红红火火，和和美美。蛤蟆儿的老母亲乐得更是天天上香摆供，感谢神灵为她送来个天仙般的好媳妇。

鲜花被堵住嘴，蒙在毯子里，喊不成，挣扎不得。此时，她倒无声无泪了，抱定一死的决心，任凭那几个强贼轮流扛着她在山路上颠簸。也不知走了多长时间，忽然觉得身子不动了。耳中闷闷沉沉听见一阵打斗之声，猛觉得身子被扔在地上，周围便鸦雀无声了。不一会儿，觉得有人在给她松绑揭毯。一股冷风使浑身水淋淋的鲜花打了一个冷战。她睁眼一看，朦胧星月下，她脸前蹲着一个年轻人，年轻人揪出她嘴里的手帕，轻轻为她擦

婚后不到一年。这一天，蛤蟆儿外出办事，村里来了一个跑江湖卖艺的年轻人，那小伙子不仅武艺精通，而且长得一表人才，围观的大姑娘小媳妇看得痴痴呆呆，鲜花也在人群中观看，她边看边心里暗暗琢磨：唉！真是人不得全，我的丈夫要是有人家卖艺人这份人才，那该有多好啊！卖艺人走了，鲜花回到家里忙干家务，也就把刚才的心事忘了。

傍晚，蛤蟆儿回来了。晚饭后，小两口坐在一起谈心，蛤蟆儿

忽然笑盈盈地问鲜花："你今儿是不是也爱上那个卖艺人了？"

鲜花脸腾一下红得像一朵绽开的牡丹，心跳急促地矢口否认："谁和你说？谁和你说？"

蛤蟆儿仍然笑盈盈地说："你别嘴硬，其实，那个卖艺人就是我变的！"鲜花以为丈夫在开玩笑，就赌气说道："你要有那本事，如今就再变出来叫我看看。"蛤蟆儿一本正经地说："真的，我不哄你，不信，我如今就变出来让你看看，你把灯吹熄。"鲜花真的"噗"一口把灯吹熄。昏暗中，隐隐约约看见丈夫在脱衣服，她以为他在捉弄她，正要说话，就听丈夫轻声说："你把灯点着。"鲜花把灯点着，扭头一看，不由得大惊失色，眼前站的，正是今儿那个卖艺青年！她害怕了，刚要呼喊，丈夫轻轻捂住她的嘴，柔声说："别怕，千万不能让人知道。难道你忘了？咱俩的姻缘是前世注定的，我转世以后，一直在想你，等你。你是花圪台的仙花转生，我就是仙花潭里的那只金蛤蟆呀。"

鲜花不怕了，她也忆起了往事。

鲜花确是花圪台的仙花转生。当年，她独处悬崖，孑然一身，顾影自怜。正是仙花潭里的那只蛤蟆，朝夕与她相伴，才使她免除孤单。尤其使她感激的是，金蛤蟆不辞劳苦，不畏艰险，登峰涉水，把最清洁、最甘美的山泉水一口口地噙来，又一口一口地吐在她身边的岩缝里，使她身心得以滋润，未受干渴之苦。年长日久，他俩形影相伴，难分难离。金蛤蟆转生前，日夜奔波，为她贮存下足够三年的饮水。临别时，守了她三天三夜，他俩也哭了三天三夜。金蛤蟆转世后，她神情恍惚，萎靡不振，无心独处花圪台，一年之后，便也投胎转生了。

俩人说破前缘，新恩旧情，倍加亲密。从此，蛤蟆儿白天仍是蛤蟆身，晚上人静后，就脱去蛤蟆衣，变成了英俊青年。

一天，蛤蟆儿的老母亲睡到半夜，忽然腹痛难忍，她想叫儿子给她放放十指血，就慢慢挪到儿子窗前，撩起猫道往里一眄，老婆子差点气得昏死过去。原来媳妇正和一个英俊男子调情逗乐！老人气愤之下，肚反而不觉疼了。她没声张，半夜未合眼，直挺挺地坐到天亮。

第二天，老人等儿子干活走了，就把儿媳叫过来，怒气冲冲追问昨夜之事。鲜花开始不愿说出真情，后见婆母气得寻死觅活，如不实说，自己又要担上不清白的冤枉名声，再说，对母亲说了真相，谅

今日神泉

也无妨。于是，就把他俩的前因后果告诉了婆母，老人听了又惊又喜。她万没想到，自己竟养了神儿，娶了仙媳。

世上没有不漏风的墙。不知怎的，蛤蟆儿的事竟然在三村五地传得尽人皆知。那个想娶鲜花而未能如愿的小子一直对蛤蟆儿恨之入骨，听到这些风声，就想出了一条毒计。他买通村里一个爱多言碎语的女人，假装好心好意地劝说鲜花婆媳把那张蛤蟆皮烧了，蛤蟆儿不就再不会变成蛤蟆人了。

鲜花和婆婆轻信了女人的话，就在一天夜里趁蛤蟆儿睡熟时，偷偷将蛤蟆皮投入炉坑的柴火里，万没想到，蛤蟆衣在火里噼噼啪啪乱响一阵，变成了一堆灰烬时，蛤蟆儿也腹崩而死！鲜花抱着死去的丈夫号啕痛哭：她哭啊，哭啊，泪流干了。鲜血一滴一滴，一串一串，从眼里流出，流在她的脸上，流在丈夫的脸上……她哭啊，哭啊，在家里哭，在丈夫坟上哭。她哭了六六三十六天，她哭了七七四十九天，她哭了九九八十一天……

她昏昏沉沉、疯疯癫癫奔到仙花潭，一头栽进深不见底的碧水里！

当天夜里，雷鸣电闪，大雨如注，一声巨响，如天崩地陷，第二天，一夜惶惶不安的人们奔在花圪台下，人人都惊得目瞪口呆，花圪台塌成乱石岗，仙花潭掩埋在碎石底。山泉不见，小溪断流了！

几天之后，人们突然发现，蛤蟆儿的坟堆变成了一块突兀而起的蛤蟆石。蛤蟆石一人多高，头朝西，两只眼直盯盯地望着西南方向。

几乎蛤蟆石出现的同时，在蛤蟆石伫望的西南方山坡下，出现了一股清泉，泉眼上不时冒出一片淡红的水。人们说，是仙花潭移到这里，是安息潭内的鲜花为与化石

在半山坡的丈夫永远相望。那每隔一阵儿就冒出的红水，是鲜花悔恨不尽的眼泪，这就是至今被当地人称为"海子"的神泉。

蛤蟆石直到现在依然兀立在郝家窑村东的半山坡。世世代代，风风雨雨，周围的沙石被冲刷成条条沟壑，而独立半坡的蛤蟆石，无遮无掩，却水冲不动，风吹不蚀，日日夜夜，双眼紧盯着山下葬身清泉的爱妻！

为纪念殉情的鲜花，人们在神泉旁盖了一座仙女庙。仙女庙香火鼎盛，青年男女都来祈求鲜花赐予他们美满婚姻。善良的鲜花也让他们个个如愿以偿。

好媳妇窑子

传说，康熙曾来托克托一带私访过。那一天，红日高照，天气炎热，他和一个侍从徒步来到现五申镇杜千窑子村。那时，这一带人烟稀少，土瘠民穷，别说沿途客店罕见，就是村落之间的距离也相当远。俩人走得又饥又渴又热，在路边一家人家的门口坐下歇息。

不大一阵，从院门走出一个中年妇女，妇女发现门口坐着两个人，衣着不像个庄户人，她悄悄打量了几眼，正要转身，侍从已站起身，向妇女施礼问道："这位大嫂，我家主人是由外地来的算卦先

生，算人流年运气，祸福吉凶，一丝不差，大嫂可愿意让我主人给你算算？"他指着扮作算卦先生的康熙说。

那妇女定了定神，笑笑说："我们庄户人，以苦力赚饭，好了好过，歹了歹过，一不想当官，二不想争名，算了也没用。"

"那……"那个侍从看看妇人，又看看康熙，一时无话可说。

康熙站起来，对妇人点点头说："大嫂言之有理，恕我们打搅了。"转对侍从说："如此，你我另寻主顾吧。"说完，就要走。

那妇人见他们疲惫不堪的样子，思谋了一下说："先生，晌午天热，你们行路人要是渴了、乏了，不嫌我家穷，就请进家喝碗水，歇歇腿再走吧。"

这话正中康熙心意，忙连声称谢。妇人说："谁出门也不背家不背锅的，有甚可谢的。"说着话，就把康熙他们引回家里，让在土炕上，特意生火为他们烧了开水，热情地招待他们。

康熙边喝水，边打量，见家里土炕无席，房屋低矮，一门一窗，地下放一个水缸，确是贫寒人家。他随口问道："大嫂全家几口人？""八口。"妇人答道，"公婆二老常年卧病，俩儿俩女年纪还

小，孩子他爹给人家当长工，多在外边少在家，撂下家里一摊营生，侍候老人，抚养娃子，全是我一人，整天忙得顾东顾不了西，就连整理这个穷圪洞（家）的空儿也没有，看这肮里肮脏的叫你们笑话了。"说完，不好意思地笑了笑。

康熙听了，心里很激动，忙说："哪里哪里，大嫂如此贤惠，实在难得。不瞒大嫂说，我们实在是饥不可耐了，一客不烦二主，就请大嫂拿些剩饭，好歹让我们充充饥吧。"

那妇人迟疑了一刻，红着脸说："实在没有好东西招待你们，大儿拾粪还没回来吃饭，给他留下几个糜子面窝头，你们将就着吃吧。"

"那孩子回来吃什么呢？"

"他回来我再给做吧。你们行路人，赶路要紧呀。"妇人说着话，把放在锅头的糜子面窝头和一小碗菜汤端在康熙他们面前，重洗了碗筷，递给俩人。

康熙实在饿极了，狼吞虎咽地啃起窝头来，觉得分外香，仿佛从来未吃过如此香美的饭菜。他问妇人："这叫什么饭？"妇人说："到口酥。"说完禁不住背过脸偷偷地笑起来。

吃饱喝足，康熙觉得有了精神，准备上路了。他示意侍从拿出

一两银子，恳切地说："大嫂，深谢你了，这点银子，就作为我们付的茶饭钱吧。"

那妇人见给银子，立刻面有不悦，不满地说："我这里不是卖饭的，给你们饭吃，是觉得你们行路人可怜，我家男人也常出门在外。我虽然穷，可不稀罕你这银子，赶快收起这银子上路吧！"说完，气冲冲地怒视着康熙。

康熙赠银，确实出于好意，万没想到反遭妇人怒责。他很难为情，可从心里格外钦敬这位妇人，于是，就心平气和地解释说："大嫂别误会，既然你不肯收银，我们只好心领盛情了。"

从妇人家里出来，康熙回头望着那间土房，不由点头赞道："真是个好媳妇哪！"

康熙回宫后，一日想起在"好媳妇"家吃的"到口酥"窝头，就下令让厨师依样去做。厨师做好呈来，康熙哪能下咽，一连严厉惩罚了好几个厨师。一位近侍启请康熙说："万岁在何处吃过此窝头，可否把那个厨师请来？"康熙点点头，于是派人来杜千窑请"好媳妇"。"好媳妇"这才知道那个算卦先生是当今皇上。可她谢绝了，只是对来人说："我如今也给皇上爷做不来那样好吃的窝头了，你们

给皇上爷捎个话，就说是'饿饭是好饭'。"

此后，杜千窑子就一度更名叫"好媳妇窑子"。

沙淤满水井

传说，今托克托县古城镇的满水井泉子，是康熙的骑马刨出来的。说康熙私访来到满水井，口渴难耐，可当时的满水井一带荒无人烟。康熙心想，在这里有一股泉水多好。康熙的骑马仰天长嘶一声，前蹄一阵猛刨，一股清泉就喷涌而出。此后，泉水周围聚居了许多人家，成了村庄，人们在泉子上打了井，井所在的村子，就叫满水井。满水井一带变成了土肥水美草茂的好地方，定居的人家越来越多。

后来，满水井的人们在井北边盖了座"井神庙"，供奉康熙的骑马和马童的塑像。这庙修成后，一度香火极盛。来满水井定居的人越发多了，逐步发展成了一个很兴旺的小镇。市面街道齐整，商号、当铺、旅店……买卖兴隆，口里口外的商人往来不绝。

就在满水井渐趋繁荣的时候，出了一桩怪事。

一个眉清目秀的小后生，牵着一匹火红的高头骏马，不时出现在村子里，常到吴家大院借上水斗子到满水井上饮马。时间长了，人们

就问询小后生："家住哪里？姓甚名谁？"那小后生只是笑而不答。人们觉得奇怪，仔细打量小后生的面相，极像"井神庙"里塑的马童。话越传越神，越传越广，吴家院的掌柜子就暗暗注意上了小后生的来踪去迹。

没用多长时间，吴掌柜就揭开了这个谜。

一天，吴掌柜看见小后生乘马出村后，就悄悄躲进"井神庙"，藏在圣马塑像后。直到日落昏黄时，没听见庙门响动，突然正殿里响起了脚步声。他屏息敛声，偷眼观察，只见一个人匆匆走到马童塑像背后，揭起一块砖，伸手从塑像肚里提出一个小袋子，迅速从自己的腰肚兜里取出一块包着的东西，放在小袋里，扎住袋口，放进塑像肚里，又用砖盖好，便匆匆走了。

吴掌柜等了一会儿，估计那人走远了，一个箭步跳到马童塑像后，双手揭开那块砖一看，里面是一个小洞，洞里放着那个小袋。提出小袋一看是猪尿脬做成的，解开扎口，看见里边装着几方羊油坨子。吴掌柜手托羊油坨一掂掇，很沉，心里顿时生疑，走到明亮处，用签子在羊油坨上挖洞，挖着挖着，触到了一个坚硬的东西，挖出一看是银锭。他的心狂跳得快要迸

出皮外了，急忙把羊油坨原封不动放在猪尿脬袋里，依原样扎住口，放进小洞，再把砖盖好，慌慌张张奔出庙门，回到家里。当晚，他翻来覆去一夜未眠，鸡叫三遍，终于想出了一条毒计。

第二天早晨，那个小后生把马拴在吴家院门口，又来向吴家借水斗，吴家的儿媳妇正在做捞饭。小后生一连问了几声，那媳妇背过身，理也不理。小后生急了，扳了媳妇肩膀一把说："大嫂，平日借水斗挺痛快，今儿咋话也不和人说呢？"那媳妇一转身，随手从锅里捞了一笊篱米饭，向小后生兜头摔去，同时拖着哭腔高声喊起来："哪里来的泼头野鬼，竟敢调戏良家妇女，快来人呀，抓住这个坏人呀。"那小后生情知不妙，扭头就跑。吴家院里立刻跑出十多个人，边呼喊边咒骂边奔跑追赶小后生，那小后生解开马缰，翻身上马，向"井神庙"的方向奔去。吴家的人、村里闻讯赶来看热闹的人，一群一伙地奔向"井神庙"。

那后生骑马奔到"井神庙"前，突然连人带马不见了。人们仗着人多势众，一齐拥进"井神庙"，一上正殿，大伙全都傻眼了，马童塑像的肩膀上，水淋淋地堆着一片片捞饭！

人们惶惑不解地在庙里议论纷纷，吴家媳妇一把眼泪，一把鼻涕地把马童如何调戏她的事添油加醋地诉说一遍，大伙依然将信将疑，心想神还贪恋女色吗？

这时，吴掌柜右手举锤，左手执钎，气势汹汹走到马童塑像前骂道："马童为神不正，祸害地方良民，要他何用！"一边骂，一边把一根二尺多长、一寸多粗的钢钎，从马童的头顶钉了下去……

钉死马童的当天晚上，吴掌柜偷偷溜进"井神庙"，从马童塑像后取走了猪尿脬小袋。回家剔去羊油一看，里边是一封封白花花的大银！吴掌柜甭提多得意了。

原来，那个小后生确实是"井神庙"的马童活了，他自成为"人"以后，一直隐身在外地给大户人家当长工做短工，把赚下的零钱兑整，铸成银锭，裹在羊油坨里，藏在自己的塑像后。最近，他才在满水井露面，可万没想到，竟遭此厄运！

钉死马童的第三天，满水井上空涌起两堆乌云，人们清晰地看见，两堆云前，各有一只红毛山羊，红毛山羊随着乌云越靠越近，到面对面时，便疯狂地碰起架来。人们惊愕不已，呼叫着看稀奇。突然，天崩地裂一声炸雷，两堆乌云合在一起，像一座大山压住满水井上空。顷刻间，雷鸣电闪，暴雨倾天而降，不一会儿，滚滚洪水，就地而起，满水井淹没在一片汪洋之中。

雨过天晴，洪水退去，满水井肥沃的黑土上淤上了三四尺厚的一层茫茫白沙！从此，满水井渐渐衰落，商店关了，当铺闭了，住户迁了……

石匠营村说石匠

石匠营是托克托县新营子镇一个普通的村庄。

关于石匠营村名的来历，有一个故事，在村里辈辈流传。

大约是清代乾隆以后的事了。那时的石匠营一带，天苍苍，野茫茫，荒无人烟。有一名山西偏关的青年石匠为生活所迫，随着父亲"走西口"谋生。父子俩来到黄河边的章盖营，不知道该往哪条路走，又饿又乏，便在村口一个佛庙旁的树荫下休息，不一会儿就睡着了。老石匠做了一个梦，在梦中庙里的佛像告诉他说："我的耳朵里吵得实在受不了，请你帮助我清理一下，好让我清静清静。"

老石匠一觉醒来，觉得很奇怪，便到佛庙中查看，发现佛像的耳中住着一窝麻雀，便让小石匠把麻雀赶走，把麻雀窝掏了，小石匠一不小心，把佛像的耳朵碰掉一块，之后，石匠爷俩又在原地休息入睡了，老石匠又做了一个梦，在梦中佛像对他说："勤劳的人，谢谢你们的好意，你们醒来，从这里一直往西走，幸福在等待着你们。"

老石匠再次醒来，梦中的情景还历历在目。老石匠便向佛像磕了

个头说："感谢佛爷指路，将来我一旦有了落脚之地，便来佛庙重塑金身，植树遮阴。"说罢，便按照佛像在梦中指点的方向，一直向西走去。

爷俩走着走着黄河横在面前，挡住了去路。小石匠走得渴了，到

河边捧水喝，一不小心，把做石匠活儿的工具掉进了河里。小石匠赶忙去打捞，人也掉进河里，听到小石匠呼救的喊声，老石匠急忙跳下水去救，结果连他也被河水卷了进去，此后便什么也不知道了。

当他们醒过来，发现躺在黄河边的沙滩上，连做活儿的工具都丢了，这可怎么办呢？爷俩忧心忡忡地向西边走去。当他们来到王府时，已经累得走不动了，便在一个大场院的碌碡旁边休息。

爷俩又饥又渴，便向走过这里的一位蒙古老人讨些饮食。蒙古老人很同情这一老一少，给他们送来了炒米和奶茶，吃完了，老石匠向蒙古老人问道："府上的人出出进进，面带忧愁，发生什么事了？"

蒙古老人叹了口气说："府里是出了事情，王爷的三公主病了好长时间，求医拜佛，都无济于事，眼看着危在旦夕，三公主是王爷的掌上明珠，可把府上的人们着急坏了，今日，王爷传下话来，说谁要能治好三公主的病，就把三公主许配给谁，此外还有重赏。谁有这么大的本事呢？你看，全府上下乱成了一团。"

老石匠是耍手艺的出门人，重感情，讲信义，滴水之恩，当涌泉相报。刚才吃了府上一顿炒米和奶茶，已是十分感激，想找机会报答，便又问道："三公主得的是什么病呀？"蒙古老人说："好像是得了中风病，口目紧闭，饮食不进，脸色发青。"

老石匠世代与石头打交道，成年累月，不是在山上，便在野外，风餐露宿，十分辛苦，常得中风之类的疾病。不知从什么时候起，祖上便传下一个秘方"千里追风膏"，专治中风诸症。药的制法也简单，把灶土取出加上适量的细砂和别的草药，便成药丸，服了此药，轻者一丸便可见效，重者两丸便能除病。看着三公主病重，不可见死不救哇。听了蒙古老人对三公主病情的讲述，老石匠心中有了几分把握，便自荐道："我有一祖传秘方，不知可用不可用。"

蒙古老人听了，不禁面露喜色，忙问道："有何良方，快快说与我听。"老石匠便把"千里追风膏"的功用告诉了蒙古老人，蒙古老人听了，双手一拍，高兴地说："三公主有救了，请老师傅速速配制药丸。"老石匠便用碗中剩下的奶茶把药调好，做成两个药丸。蒙古老人深深地向老石匠施一礼，拿着药匆匆送进府去。

等了一顿饭的工夫，府中没有动静，又过了一顿饭的工夫，府中还是没有动静，老石匠等得有些急了，心中暗暗想道："这么长时间了，府中还不见动静，是不是药和病情不相投啊？如果耽误了病人，有何面目再见府上的人呢！弄不好自己的性命也难保啦。"想到这里，他就拉着小石匠，慌慌张张地离开王府的场院，深一脚浅一脚地向草原深处跑去。

他们跑了很久，也不知跑了多远，太阳落山了，天上挂满了星斗。老石匠爷俩跑累了，便在草地上坐下来歇息。突然，他们发现后面灯笼火把乱晃动，还传来马嘶声和人的嘈杂声，像是有人追了上来。老石匠一想：这下可糟了，肯定是把三公主的病治坏了，王爷派人追来了。怎么办呢？逃是逃不掉了，马怎么也比人跑得快，爷俩就原地在草地上趴下，从草丛中窥望着马队越来越近了，连火把下人们的面孔也看得清清楚楚。他们排成一线，一边走，一边搜寻着，向石匠爷俩躲藏的地方走来。老石匠紧张得喘不过气来，拉着小石匠，猫着腰向旁边草深的地方移动。不巧，惊醒了一群宿鸟，一哄而起，鸣叫声在夜间格外响亮。马队发现了目标，一下子围了过来，石匠爷俩吓得瑟缩成一团。这时，曾给他们送过奶茶炒米的蒙古老人翻身下马，对老石匠高兴地说："恭喜恭喜，三公主的病治好了。王爷请恩人们回府！"

听了蒙古老人的话，老石匠爷俩才定下心来。老石匠抹了一把额头的冷汗，长吁了一口气说："三公主的病治好了，这是托府上的福气，我们献上药丸，是报府上一餐之恩，请你们回复王爷，我们是行路之人，就不到府上打扰了。"

蒙古老人急了，说："这怎么能成呢？王爷还有重赏呢，一定要让我们把你们请回去。"说罢，不由分说，把老石匠爷俩扶上马，让人牵着，向王府走去。

王府的大帐前，早已燃起熊熊篝火，王爷坐在帐前摆好的酒席前，专等老石匠爷俩到来。牧民、歌手、鼓手围着篝火站着，不时向府门口张望。不一会儿，人马喧嚷着来到府门前，老石匠爷俩被人们簇拥着走了进来。

王爷请老石匠爷俩入席。蒙古老人宣布欢迎酒宴开始。首先是向贵客献哈达。之后向贵客敬酒：几个蒙古族青年女子捧着盛满马奶酒的银碗，跪在石匠爷俩面前，唱着热情动听的祝酒歌，请客人喝酒。老石匠喜出望外，心情特别激动。他辛苦劳作一辈子，还未曾遇到过这样的礼遇，便按照蒙古族的风俗，一连喝下三碗酒，已是头脑发晕。轮到小石匠喝酒了，他可从来滴酒未沾呀，怎么能一次喝下这么多呢。他想好了一个主意，腼腆地说："谢谢主人的盛情，我从来不会喝酒。我会几句家乡小曲儿，就允许我以唱歌代替喝酒吧。"人们叫了一声"好！"小石匠就放声唱了起来：

　　家住偏关东门巷，
　　世世代代当石匠；
　　风里来，雨里闯，
　　修碾凿磨盖新房。
　　……
　　人家住房我盖房，
　　盖好新房走四方；
　　来到口外泪汪汪，
　　不知何处是故乡？

听了小石匠的歌，王爷心中已明白了几分。王爷说："不要急，不要急，这千里草原便是你们的家乡，你们把三公主的病治好了，我的许诺也要兑现，今日当众把公主许配给你，现在便举行订婚之礼。"说罢，便让三公主出来，给石匠爷俩敬酒，谢过救命之恩。人们围着篝火，载歌载舞，真是一番热闹。

从此，小石匠唱的歌流传了下来，从鄂尔多斯一直传到托克托。

过了不久，王爷为三公主和小

石匠成了婚，王府内外，一派欢乐景象。

一天，王爷对老石匠说："老亲家就留在府中颐养天年吧。我赏姑爷一群马，一群羊，再让他们选择一块满意的地方，作为安家之地。"说完，就让小石匠拿着马鞭到牧场上任意挑选。

他们来到一片高岗上，小石匠用马鞭指着活蹦乱跳的几只羔羊，让公主看，羔羊的前方，恰好有一沟羊群。王爷说："好了，前面的那群羊就归你了。"一只黄蜂飞来，小石匠用马鞭一抽，正好前面有一坡马。王爷说："那群马也归你们了。"

于是，小石匠就和三公主在王府附近的草场住了下来。

过了几年，小石匠的家业越来越大，就想搬出王府，王爷也十分同意。于是，就在黄河对岸找到一片水草丰茂的地方，搬迁过去。

小石匠和三公主就在这里安家落户了。

他按石匠的职业给这里起个地名叫"石匠营"。村西北是圈马的地方，叫"马圈圐圙"；村西是牧羊的地方，叫"羊场"。因为这里不是王爷的管辖范围，属土默特部章盖营的章盖管辖，王爷便对章盖说："我的三公主在这里安家落

163

户，请你要世世代代关照他们。"章盖点头称是，为此，现在说起来章盖营的蒙古族老人们还记着这回事呢。

一切都安排好了，老石匠还念念不忘佛像指路的事。于是，找了个时间，召集几个能工巧匠，来到章盖营的佛庙，重塑佛像，并在佛庙前栽下两棵柳树，这两棵柳树长得十分茂盛。据说其中一棵在"文化大革命"中被毁掉了，留下的一棵现在仍绿冠如云。

义仓狐仙

清朝年间，城圐圙内西南部设有义仓，共储存着十廒粮食，预备灾年荒月，救济灾民。

义仓里住着一窝得道成仙的狐狸，咋知它们得道成仙呢？这里还有个小故事哩。

每天阳婆出官时，人们总看见有一个老狐子站在东城墙上朝着阳婆礼拜。阳光一照，老狐子的毛色像一团火一样又红又明。不少打牲的极爱老狐子的皮，就躲在城墙底下用火枪瞄准老狐。那老狐子明明看见了打牲的，可理也不理，依旧一心一意地叩拜阳婆。枪响了，老狐子不慌不忙，浑身一抖，龇牙咧嘴朝打牲人怪叫一声，叫得人汗毛倒竖，可它浑身上下连个圪皱皱也伤不着。等老狐子走了，人们到老

狐子站过的地方一看，火枪射到的铁砂子落了一层，就是打不在狐狸身上。人们这才知道，老狐子是成了仙了。于是，打牲的人就再不敢打义仓狐狸了。

那时，在旧城街巷子里住着一个接生婆，这位接生婆不光接生手艺高，为人又有一副热心肠。城里城外，三村五地，谁家女人坐月子，都要来请这位接生婆。

这天黑夜，接生婆刚给人接生回来不大工夫，忽听外面銮铃响起，像是有车来了。果然，没听见门响声，一男一女两个中年人就站在地下了。那个女的生得精精俊俊，穿得齐齐整整，可一脸的着急愁苦劲儿。她慌里慌忙地求告说："老大娘，我的媳妇难生，你老行行好，赶快去给接生吧，要不人怕要出事了！"就说就擦汗珠，眼里还闪着泪花花。那男人也不住地在地上走来走去，眉头上皱起一个大疙瘩。接生婆见他们这样，知道事情紧急，没顾得多问，说了声："那就走哇！"就跳下地，收拾上接生用的东西，随来人上了停在门口的二骡轿车。

一出巷口，只听得耳边呜呜风响，轿车就像飞一样跑起来。

接生婆问坐在她身边的中年妇女："你们是哪个村的？""城

里头的。"接生婆听了，心里犯了疑：城里养得起二骡轿车的人家有数的几家，家家大人娃娃都认得呀，可这一男一女怎么这么面生呢？她正想再问，只听赶车的男人"吁"一声停住车，说了声："到家了，请下车哇！"

接生婆下车一看，眼前是一座墙高门大的府第。她打量了一下，这地方从来也没来过。正在惊异间，大门开了，一群老老小小的女人拥了出来，七嘴八舌地吆喝着："好了，接生婆来了。"

"这下可有救了！""快请进来哇！"众人围拥着接生婆走进一间烛光通亮，摆设讲究的房子，见那个二十来岁的产妇面色苍白，披头散发地躺在炕上呻吟。旁边坐着两个年长的妇人，一个给她用丝手绢擦汗，一个拉着她的手不住地揣摸。叫接生婆稀奇的是，这家里六七个女人，无论老的小的，个个都生得十分的俊俏。她赶紧洗了手，上炕跪在产妇跟前，撩起被子一看，她惊慌地"啊呀"一声，立时浑身颤抖起来。

原来，她清清楚楚地看见，那产妇长着一条毛茸茸的狐尾巴！接生婆心里顿时明白了。她强压慌乱，沉住气，稳住神，加心在意地使产妇安安然然地把孩子生了下来。随着初生儿一声洪亮的哭声，屋里屋外的人都欢声嬉笑起来。那个产妇眼角挂着泪，脸上也露出了笑容。

一个老妇人感激不尽地对接生婆说："多亏你救了我孙女。我送你一包东西，你一回家，就放在柜里头，谁也别叫看，也不要开柜，等过了百日再取出来。记住，不过百日，千万别看！"

接生婆点头答应，她不敢多言失语，也没敢吃饭，就又坐着轿，还是那个请她的中年男人，赶着车把她送回家，帮她把一包打包得齐齐整整的东西放进柜里，就赶着车走了。

从此，接生婆把锁柜的钥匙紧紧带在身上，不准家里任何人打动那节柜。她也没敢把给狐狸接生的事和任何人提起过。

接生婆的媳妇见婆婆锁住一节柜，紧把牢抓，谁也不许打动，心里又犯疑又生气。她以为婆婆接生赚回了什么好吃的，或值钱的东西，就暗暗注意起来，一连多时，也不见婆婆开柜，这下她更奇怪了。她好容易挨到九十九天头上，实在是忍守不住了，就趁婆婆不在之时，偷偷撬开锁，揭开柜，打开包袱一看，她傻眼了：包袱里包的全是黄表纸，整沓纸的大部分已变成了各色上好的绸缎，一少部分还没变过来！

这送礼的人家就是住在义仓的狐仙。

刘统勋私访享荣店

这件事发生在清高宗乾隆二十四年（1759年）。

享荣木店是清朝时托克托厅河口镇的一家专营木材生意的字号。临河设市，所经营的木材多数来自上游的乌拉山。大批的松、柏、杆、桦树，绳索捆绑成排筏，顺流而下在享荣店汇聚，再由水陆两路转售各地。享荣木店的侯掌柜凭此专营生意，大发其财。

乌拉山是阴山山脉的一段，东是大青山，西是狼山，史书上称作牟那山，民间之所以叫作乌拉山，是因为它属于乌拉特三公旗的西公旗所有。这乌拉山未开放前，那真是——

峰峦叠嶂峰峰独秀，水绕群山水自清。

青松翠柏无歇处，珍禽异兽处处吟。

据说，康熙三十六年（1697年），康熙皇帝平息噶尔丹叛乱返京时，曾探视宁夏黄河，既而由横城乘舟顺流而东至乌拉山下，离舟游山：望不断的重山叠翠，嗅不尽的山花幽香；听不完的泉鸣鸟叫，数不清的奇树异草。康熙越看越爱，流连忘返，赞叹不已。当即口

传圣谕，无论何人，不得擅自砍伐山中林木，违者严惩。此后，乌拉山就被乌拉特部三旗人民视为"圣山"而虔诚养护。牧人的牲畜严禁进山放牧；骑马至山前，务必下马朝拜，而后步行而过；猎人追捕的禽兽，一旦进山，便不再追寻。

清朝时，今土默特地区隶属于山西管辖。乾隆六年（1741年），在今呼和浩特设归绥道，在绥远城（今呼和浩特新城）设有将军衙门和绥远城同知的粮饷府衙门。将军保德，是乾隆皇帝的娘舅，人称"保皇亲"。归绥兵备道由归化城理事同知普喜护理，普喜伙同吏员白德明密谋私伐乌拉山的木料。白德明的妹妹是保德的小妾，白德明通过妹妹，窃取了保德的将军大印，伪造了开发乌拉山的公文。他们组织人员进山伐木，并把河口的享荣木店作为木材的主要转销点，木料售出，白银像水一样流进普喜、白德明等人的腰包。

普喜向保德行贿白银五千两。保德贪图了白花花的雪花大银，明知私放乌拉山违犯朝廷禁令，但却装聋作哑，听任普喜、白德明等胡作非为。

乾隆二十四年正月，乾隆皇帝接到揭发保德等贪污粮饷，私伐乌拉山的奏折。乾隆皇帝亲命擢升为

协办大学士不久的刘统勋为钦差大臣，赐尚方剑，赴归绥查案。

刘统勋字延清，山东诸城人。为人为官神敏刚劲，刚正不阿，秉公执法，不畏权势，很得乾隆皇帝的赏识和信任。刘统勋受命，深知此案非同小可，就格外小心谨慎，为了不走漏风声，他出京后，没有从官道去太原会山西巡抚塔永宁，而是装扮成商人，带一个随从，从张家口的延庆州到独石口外，穿过察哈尔蒙古草地，绕道土默川。其时，刘统勋已过花甲，沿途餐霜饮露，栉风沐雨，可谓辛劳备至，真如其诗中所云：

塞驴破帽独冲风，

路指阴山落日红。

他出口外后，边走边深入下层老百姓中，了解归绥官吏的实情。由于他改名换姓，以普通商人的身份与穷苦百姓促膝谈心，因而了解到了归绥贪官污吏的许多重要线索，就连雍正十三年（1735年）修建绥远城时官员偷工减料，贪污工程款的事也打听到了。

刘统勋进了归化城，以山东贩布老客的身份，投宿于大南街路东的东升店。他终日走街串巷，与各种人打交道，聊闲天，甚至装成戏班人员，在普喜给母亲祝寿之日，混进普喜"二府衙门"参加堂会，亲眼目睹了普喜等归绥大小官员荒淫奢侈、花天酒地的无耻行径。

为了彻底查清普喜等私伐乌拉山的罪状，刘统勋离开归化城，沿土默川南山，亲到乌拉山查看，并顺黄河而下，来到托克托厅河口镇，以商人的身份住进享荣木店。却说享荣木店的侯掌柜，前天晚上梦见一只黑虎进了他的柜房，吓得他大汗淋漓从梦中惊醒，今见一个身着黑衣，不怒而威的陌生人带着一个随从大摇大摆走进店里，不由得想起昨夜的怪梦。刘统勋以贩卖木料为由，向侯掌柜询问了享荣木店的经营情况后，主动提出为店家题写店名。他故意把"店"字的"口"字写得分外大，侯掌柜询问原因，他说，你这木店能吞进皇封御禁的圣山木料，这胃口还小吗？侯掌柜听了此话，立刻心惊胆战，张口结舌说不出话来。那时，刘统勋作为钦差大人来归绥查案的消息已在土默川风传开来。侯掌柜乃乖巧之人，眼观"商人"举止风度，耳听题字话外之音，心想这位"商人"绝非普通商家，就把刘统勋毕恭毕敬地引入别室，盛情款待，将自己知道的有关私伐乌拉山的事和盘托出。刘统勋嘱咐他别走漏风声，静待消息。

刘统勋离开河口，经过多日舍

辛茹苦地谨慎查核，终于掌握了保德、普喜等赃官的罪证，他这才出杀虎口，从省大道到太原会见了巡抚塔永宁。刘统勋第二次来归绥，是张着"钦差大臣"的旗号与山西巡抚塔永宁带着兵丁侍从鸣锣开道，从大同得胜口出边，过丰镇、宁远，进入土默川。归绥满、蒙、汉各官员，都到茶坊小菅子的东茶坊关帝庙郊迎接。刘统勋于衙署公馆稍事休息，就与塔永宁升坐二府大堂，请出皇帝圣旨及御赐尚方宝剑，差人将相关证人传齐，与塔永宁开庭审案。保德、呼世图、普喜在铁证面前，无法抗拒，均对自己所犯罪行供认不讳。猾吏白德明无理抵赖，当堂被大刑致毙。

乾隆帝据报，下旨将保德、呼世图、普喜由刘统勋与塔永宁监斩，在归化城大教场砍头正法。归绥两城四个衙门的所有相关案犯，都按律定罪。消息传出，绥晋百姓无不拍手称快。

刘统勋离绥回京时，轿过长街，归绥百姓顶烛跪送。刘统勋下轿步行，与沿途百姓拱手致谢，依依不舍地告别。

当代风采

当 代 风 采

DANGDAIFENGCAI

托克托县按照中共呼和浩特市委提出的"小而美、小而特、小而强"的城镇建设要求，围绕"一城三区、两头带中间"的城镇建设思路，着力打造首府一流卫星城镇。

如果把创新发展比做大气磅礴，波澜壮阔的交响乐的话，那么，一个地区的经济社会各项事业的发展定会是充满勃勃的生机与活力。而今，这个交响乐章已在内蒙古自治区西部的托克托大地奏响，其雄浑，其博大给人以震撼与启迪。几组数据、几组音符，就可以从中感受到托克托交响乐的恢宏气势。

2000年，托克托县财政收入仅有7410万元。大唐托电2000年开始破土建设，唤醒托克托县这块沉睡的土地，吹响了托克托县县域经济大发展的号角。

2006年，财政收入完成14.89亿元。随着托克托工业园区的建立，入园企业的不断增多，大唐托电8台60万千瓦机组和2台30万千瓦机组全部投产发电，托克托经济社会发展插上了腾飞的翅膀，一举甩掉了"国贫县"的帽子，进入了全区一流经济强县和西部百强县的行列。

2016年，托克托县一般公共预算收入完成13.73亿元。在内蒙古自治区、呼和浩特市两级党委、政府正确领导下，托克托县县委、政府团结带领全县各族人民，大力发扬"诚信、厚德、创新、和谐"的托克托精神，牢牢坚持"工业强县、城乡统筹、三化互动"发展思路，充分发挥"区位交通、水煤组合、电价比较"三大优势，统筹抓好稳增长、调结构、促改革、防风险、惠民生各项工作，在理性探索中走出一条以工业化带动农业现代化、服务业产业化、城乡一体化的富民强县之路，实现了由传统农业县向新型工业县的转变，跨入了内蒙古自治区一流经济旗县行列。在2016年全国中小城市科学发展评价中，托克托县位列全国最具投资潜力中小城市百强县43位、全国中小城市

豆腐窑村新农村建设

一间房村新农村建设

综合实力百强县55位，相继被确定为内蒙古自治区第一批循环经济示范县、国家级循环经济示范县和国家级"电子商务进农村综合示范县"。

塞外的"小岗村"

改革开放初期，托克托县中滩公社开展了一场从"口粮田"到"大包干"的改革，在全国较早实行家庭联产承包责任制，被誉为"内蒙古的凤阳县""塞外的小岗村"，与安徽省凤阳县小岗村不同的是，托克托县中滩公社的改革是在基层

党组织的领导下，自上而下进行的。

1976年"文化大革命"结束时，由于经济萧条，托克托县原中滩公社的农民连吃饭都成了问题，粮食单产只有50多千克，是有名"吃粮靠返销、花钱靠贷款、生活靠救济"的三靠社。到1978年12月十一届三中全会召开时，托克托县国民生产总值2121万元，地方财政收入为218万元，粮食总产量是6700万千克，中滩公社的返销粮已经增至120万千克，当年流传着这样的顺口溜"早上铜铃铃（高粱面窝窝头），午饭黄绳绳（用玉米面制做的钢丝面），晚上碗底照清清（比喻一眼见底的稀饭）"，形象地反映了当时农民生活的清苦。穷则思"变"，1979年春节刚过，在时任中滩公社书记马存发和公社副书

嘉丰现代农业园

云中现代农业科技示范园区

记、革委会主任菅光耀的主持下，在下滩村带领群众首先冲破"一大二公"旧体制的束缚，为农民每人分了二亩半"口粮田"，这标志着下滩村党支部在内蒙古地区率先实行了"口粮田"、"商品粮田"责任制。与安徽省小岗村同步拉开了农村土地承包经营的大幕。改革当年，中滩就结束了吃国家返销粮的历史，摘掉了全县倒数第一的帽子，还上交了8万千克公粮，成功地解决了农民的温饱问题！1980年，在总结"两田"分离经验的基础上，中

托克托县葡萄

滩公社大胆提出了"包干到户"的设想，极大地调动了农民的生产积极性。当年，中滩公社70个实行"大包干"的生产队，大旱之年仍获得丰收。不但全部解决了社员的口粮和牲口饲料、来年籽种问题，还向国家净交商品粮36万千克，比上年增加3倍多，还偿还了国家53万元贷款，并且购买了5万多元的生产设备。在生产上由全县倒数第一，一跃成为全县较好的公社。这种做法由于与当时的生产水平相适应，最大限度地调动起了社员的积极性，解放了生产力，确实显示了迅速"治穷"的巨大力量。

这一事件被新华社《内参》披露后，中央领导批示："这是群众自发的'治穷改富'的有效探索。"这一年，全县出现了分组作业、包产到组、定额管理和"口粮田"等多种形式的责任制。对此，1980年12月1日《人民日报》以《从

"口粮田"到"大包干"》为题对此进行了专门报道。

从1979年开始,托克托县以解放农村生产力、解决农民温饱问题为立足点,积极探索以建立和完善家庭联产承包责任制为核心的农村经济体制改革,成为推动托克托县农村生产力发展的巨大动力,从此托克托县的农村经济社会发生了翻天覆地的变化。

农业农村改革发展变迁

改革的春风吹遍了大江两岸,吹绿了云中大地的山村田庄。改革开放三十多年来,托克托县的农村改革大致经历了三个阶段,一是从1978年开始的以建立和完善家庭联产承包责任制为核心的农村经济体制改革。二是从2002年开始的农村综合改革。三是从2005年底开始的新农村建设。

建立和完善家庭联产承包责任制。1979年春,中滩公社的干部群众在党的十一届三中全会精神的鼓舞下,在中共托克托县县委和中共中滩公社党委的组织领导下,以下滩大队为试点,在全区率先实行了"口粮田""商品粮田"责任制,这一年,全县出现了分组作业、包产到组、定额管理和"口粮田"等多种形式的责任制。1980年4月,县委七届二次会议对中滩公社实行生产责任制的做法给予了肯定,并在全县推广,要求不管实行哪种形式的责任制,都要稳定下来,发现问题及时解决。1981年2月,召开全县三级干部会议,家庭联产承包责任制全面推开。年底,全县625个生产队,实行"双包"(包产到户、包干到户)的有601个,全县96%以上的生产队实行了以"大包干"为主的家庭联产承包责任制。此后,承包责任制被逐步扩展到林牧渔业、社队企业、水利设施、农牧业机械的管理及科技推广等方面,开

农牧业产业项目落户托克托

发性承包有了新的发展。从1984年开始，托克托县经营管理站指导各乡镇健全和完善了第一轮土地承包制度。1997年11月，托克托县本着大稳定、小调整的原则，制定了延长土地承包期工作实施方案，把土地承包期延长到30年。到2000年，全县农户共承包耕地3.7万公顷，占总耕地面积的96%；签订土地承包合同3.5万份，发放土地经营权证3.5万本，占总农户的95%。

家庭联产承包责任制的建立和完善，极大地激发了农民生产的积极性和主动性，同时农业产业化的发展大大提高了农业效益，增加了农民收入。经过二十多年的发展，到21世纪之初，托克托县农村改革取得了巨大成就，农村经济社会得到空前的繁荣。一是农业发展取得显著成绩。1978年，全县农业总产值为1753万元，全县粮食总产量为3100万千克,牲畜总头数为8.9万头,农民人均纯收入145元。实行联产承包责任制后，农民的生产积极

保护地蔬菜

性被极大地调动起来。全县的农业总产值达到59373万元，全县粮食总产量达到9700万千克，牲畜总头数达到40万头(只)，奶牛总头数达到1.7万头。此外，全县共营造人工林57万亩，森林覆盖率上升到了21%，实现了历史性跨越。农业科技和新品种得到广泛应用和推广，全县科技服务形成了县、乡、村三级网络，良种覆盖率达到100%。农业科技进步对经济增长的贡献率达47%。同时积极引导农民调整种养殖结构，使特色种养殖业的规模不断扩大。二是农田水利建设取得重大突破。1978年，全县保灌面积仅为18.92万亩，机电井1425眼，农业水利设施建设十分薄弱。为了进一步摆脱农业靠天吃饭局面，托克托县积极发展农田水利设施建设，引进并组织实施了"3924""农业综合开发""380人畜饮水"等项目，配套完善麻地壕、毛不拉两大引黄灌区水利设施，使水利建设取得了令人瞩目的成绩。到21世纪

露天蔬菜

托克托县辣椒

之初，全县共投入建设资金1.58亿元，维修、改造、兴建各种水利工程5809座（处），疏通河道加固堤防288.45千米，新打机电井779眼，完成节水渠道衬砌142.52千米。全县形成了以黄灌为主，以井灌、自流灌为辅的水利工程体系，有效灌溉面积达到了46.5万亩，节水灌溉面积达到14.33万亩。同时积极开展改水工程，使全县213个自然村、16.5万人、49.6万头只牲畜全部饮用上了合格卫生水。三是乡镇企业异军突起。1979年，社队企业共有565个，从业人员4545人，全年完成总产值850万元。随着生产力的逐步解放，广大农民充分利用自身的特长和资源优势，或个人独资，或联户投资，办起多种形式的企业。集体企

业在各乡镇的大力扶持下，也得到了发展壮大。全县现有乡镇企业共有15376个，从业人员55885人。全年实现利税10.6亿元，上缴税金5636万元，农民人均从乡镇企业获得收入1300元。四是农村各项社会事业取得长足发展。1978年，全县农村的教育、卫生、交通、电力、电信业都很落后。改革开放后，托克托县投入大量的人力、物力、财力发展农村各项社会事业。现已完成了农村中小学危房改造工程、乡中扩建工程和"两基"达标，使农村的教育事业发展有了质的飞跃；建立了11个乡镇卫生院，并且全部进入了等级管理；初步建立了连接11个乡镇、120个行政村的四通八达的公路交通网；完成了农村低压线路

改造工程，乡、村、户通电率达到100%，彻底结束了无电村的历史；实现了"乡乡通电话"，全县120个行政村全部接通了程控电话。

调整和优化农村经济结构和产业结构。进入20世纪90年代，托克托县围绕市场经济的快速发展，进一步加大以市场为导向的农村经济结构和产业结构调整，初步构筑了适应发展社会主义市场经济要求的农村经济结构新框架。一是因地制宜，发挥资源优势，调整农牧林渔业和种植业内部的比例关系。"两高一优"（高产、高效、优质）农业，以枸杞、红萝卜、红辣椒、绿豆、茴香、葡萄等为主的特色农业，以奶牛为主导的畜牧业，得到长足的发展，农牧林及种植业内部结构逐步趋于优化。二是调整农村经济结构，加快农业产业化进程。

在稳定发展农业的同时，大力发展乡镇企业和第三产业。为了加强对乡镇企业的领导，1992年，每个乡镇都配备了一名工业副乡镇长。全县开始探索以培育龙头企业、加快基地建设、建造合理的利益纽带为关键环节的农业产业化经营模式，发展壮大以农畜产品加工为主的金河集团、托王集团、华玉淀粉厂、乳品厂等龙头企业，建成了一批玉米、油料、枸杞、葡萄、奶牛、生猪、牧草等生产基地，逐步向具有地方特色的"种养加相结合、农工贸一体化、产供销一条龙"的农业产业化方向迈进。

实施农村综合改革，全面减轻农民负担。农村改革发展到20世纪末，由土地承包到户所释放出来的农村经济活力已发挥到极致，随着形势的发展变化，"三农"工作

托克托县枸杞

进入了缓慢发展甚至停滞不前的阶段。2002年，中央开始启动以农村税费改革为龙头的农村综合改革，积极探索，不断创新，全面减轻"三农"负担，为农业发展、农村稳定、农民增收奠定了基础。

全面取消农业税。税费改革前的2001年全县的农村税费年总负担为1100万元，税改后的2002—2003年全县农村税费总负担为667.9万元，比税改前减少了432.1万元，减幅为60.7%。2004年，托克托县在全市率先全部免除了农民承担的农业税额。由农民负担的648万元农业税，除国家补贴资金外，其余全部由县财政代缴，彻底改变两千多年来农民缴纳"皇粮国税"的历史。

积极化解镇村债务。为了保持镇政府正常运转，减轻镇政府筹资负担，托克托县将镇政府原本由村统筹支付的诸如义务兵、优抚、教育等资金，由上级转移支付资金做相应安排，教师工资全部由县财政支付，既减轻了农民负担，也使这些支出有了较为稳定的资金来源。同时积极化解镇村级债务，摸清债务底子，制定偿债计划，在化解现有债务时，按照"谁受益，谁负担"的原则落实债务人。为了控制新增不良债务，中共托克托县县委、县政府要求严格按照"一要吃饭、二要还债、三要发展"的原则安排村级支出，杜绝举债搞公益事业建设。

加大转移支付力度。托克托县自2002年开展农村税费改革以后，在分配上级给托克托县下达的转移支付资金时，十分注意激发乡村工作的积极性。在认真调查的基础之上，对转移支付资金进行了合理的分配，具体的分配方案是：乡级支出中用于乡村办学的资金共计260万元，优抚补助37.9万元，计划生育支出34.6万元，乡镇道路建设46.3万元，村级补助69.8万元，弥补支出缺口578.4万元，共计1027万元。各乡镇对税费改革转移支付的使用严格按照县级分配的方案进行，做到了乡级、村级补助专款专用。县财政为减轻乡财政负担，每年核定给每位村支书和每位村主任2400元的补助资金，计生助理员每年2500元的补助资金。

以新农村建设为重点，全面推进农村经济社会发展。2005年底，中央提出建设社会主义新农村的目标，这为农村经济社会的全面发展指明了方向。托克托县紧紧抓住这一历史机遇，制定了新农村建设实施方案，分步推进，重点突破，使新农村建设取得了显著成绩。

以试点村建设为重点，托克

新营子镇黑水泉村苜蓿节水灌溉

托县新农村建设取得了显著成绩。2013年，4个新农村示范村（双河镇养大圐圙村、新营子镇豆腐窑村、古城镇一间房村、五申镇五申村）建设任务基本完成。2014年，托克托县立足全县农村发展实际，加强农村基础设施和公共服务建设，把实施美丽乡村建设作为今后新农村建设的中心工作。

在新农村建设过程中，托克托县结合"生产发展、生活宽裕、村容整洁、乡风文明、管理民主"二十字方针，一是逐步形成了"一镇一业、一村一品"产业发展新格局。奶牛养殖业带动玉米种植业、饲草种植业同步发展；枸杞、西瓜、香瓜种植业及黄河鲤鱼养殖业发展壮大；温棚蔬菜种植业迅速发展；汽车运输服务业也成为部分试点村的致富产业。二是试点村基础设施建设进度加快。农田水利建设力度加大，道路和村镇建设步伐加快，基层组织阵地建设规模加大。三是新农村试点村呈现出新面貌。以"四清四改"为突破口，大力开展了农村环境整治工作；广泛开展群众性精神文明创建活动，倡导健康文明的生活风尚。四是新型农民培训得到加强。大力开展了"双十双培一带动""农民阳光培训""百万农民科技培训"等工程，全方位、多层次培育新型农民。

2016年元宵节前夕，笔者走进双河镇北街村，只见一条条整洁宽敞的水泥路延伸向远方，重新改造粉刷的房舍整齐划一，文化大院、人民剧场、图书室、医务室、文化墙建设一应俱全，村村通、户户通、供水、供电、便民超市等美丽乡村建设工程全面完成，呈现出了

托克托县香瓜

欣欣向荣的新农村建设景象。兴高采烈的村民们积极思进，精神面貌焕然一新，敲起震天的锣鼓，挂起大红的灯笼，扭起喜庆的秧歌，甩开彩色的舞扇，尽情地讴歌着强县富民的好政策和人民群众幸福美满的新生活。

农业农村经济发展现状

近年来，随着工业经济的快速发展，托克托县工业反哺农业的力度不断加大，中共托克托县县委、县政府采取了一系列措施来使农业增效、农民增收，"三农"投入逐年增加，农村经济社会各项事业取得了长足的发展。

农业生产条件不断改善。全县基本形成了黄灌为主、自流灌溉和井灌为辅的灌溉体系。黄河灌溉区域包括麻地壕扬水灌区和毛不拉扬水灌区。自流灌溉区域包括大黑河灌区和沙河灌区。近几年来，通过大力实施灌区节水配套、农业综合开发、土地整理等工程，全县农田有效灌溉面积达67万亩，节水灌溉面积达52万亩，稳产、高产粮田面积明显增加，为粮食增产打下坚实基础。

种养殖结构不断调整优化。2016年，全县总播种面积88.25万亩，其中粮食作物66.08万亩，经济作物5.62万亩，饲草16.55万亩，粮食产量预计达到25万吨。为全国800个产粮大县之一；经济作物主要有向日葵、蔬菜、瓜果、药材等，种植面积达4.42万亩；饲草作物种植面积17.21万亩。2016年牲畜存栏总量预计达33.45万头（只、口），其中奶牛存栏5万头、羊存栏26.3万只、生猪存栏1.8万口、其它牲畜存栏0.35万头。禽存栏30万羽。有渔业用水面积1万亩，主要养殖黄河鲤鱼、黄河鲶鱼、鲫鱼、草鱼等，水产品产量达到2000吨，年产值达5000余万元。动物疫病防控扎实开展，重大动物疫病免疫密度达到100%，良种化覆盖率达到93%以上。

农牧业产业化水平不断提高。近年来，全县产业化龙头企业数量不断增加，现有国家级龙头企业2家，自治区级10家，市级58家，稳居全市第一。农民合作组织不断发展，全县已有红萝卜、葡萄、枸杞等农民专业协会、专业合作社128家（县经管站备案），农民进入市场的组织化程度不断提高。

农牧业重点工作稳步推进。全县建成云中、嘉丰、昊叶、泽园和

希望的田野

托克托县小茴香

萄）、黄河鱼等地方特产做文章，特色农业呈现出一片欣欣向荣的景象。全县葡萄、辣椒、枸杞、小茴香、绿豆等特色农作物种植面积达2.7万亩。同时，培育形成正奇、顺宇、蒙

托克托县西瓜

川等特色农产品知名品牌，市场占有率和美誉度很高。在黄河湿地管委会开工建设了占地5000亩的瑞沃葡萄酒庄园，项目总投资4亿元，是呼包鄂金三角腹地唯一一个集葡萄种植、葡萄采摘、葡萄酒酿造、养生度假、开心农场、观光旅游为一体的高端葡萄酒庄园，预计建成后每年可接待游客20万人，销售收入达到4000万元以上，成为自治区"工农旅结合"的特色农业亮点之一。此外，积极发展"农家乐"休闲旅游接待，现有"农家乐"接待户80户，其中自治

嘉丰5处设施蔬菜基地：双河镇云中酒业蔬菜基地完成占地710亩的88栋温棚建设，投产88栋，投产率100%；新营子镇嘉丰蔬菜基地完成占地1000亩的328栋温棚建设，投产328栋，投产率100%；伍什家镇昊葉蔬菜基地完成占地1210亩的290栋温棚建设，投产290栋，投产率100%；古城镇泽园蔬菜基地完成占地3170亩的1172栋温棚建设，投产1172栋，投产率100%。黄河湿地管委会嘉丰蔬菜基地完成占地500亩的115栋温棚建设，有115栋投产，投产率100%。有效保障了托克托县乃至呼和浩特市地区群众的"菜篮子"供应。在此基础上，为更好地实现工农游一体、综合开发的目标，在黄河湿地管委会开工建设了嘉丰现代休闲农业示范园，预计建成后每年可接待游客10万人（次）以上，成为呼和浩特市乃至内蒙古知名的现代都市农业示范园。奶牛规模化养殖方面，规模化、集约化水平逐年提高，全县现有奶牛规模养殖场62个，其中5000头以上牧场3个、3000头以上牧场1个。苜蓿集中连片种植方面，结合畜牧业的发展和生态建设的要求，大力开展了人工优质牧草种植，全县苜蓿种植总面积达8万亩。

特色农业做大做强。围绕三红（红辣椒、红萝卜、枸杞）、两绿（绿豆、小茴香）、一紫色（葡

蒙汇奶牛养殖基地

丰收的喜悦

区级5星乡村旅游接待户1户、4星乡村旅游接待户3户、市级农家乐示范户8户、农家乐示范社1家，2016年共接待游客34.2万人（次），收入达3479.7万元。

总之，现在的托克托县正以其奋发的英姿，书写着托克托明日农业农村发展的新辉煌。我们有理由相信，在中共托克托县县委、县政府"强基固本建设基础设施，提质增效发展现代农业"政策指导下，托克托县的农业发展将进一步走向成熟，整个农村面貌将翻开新的具有历史性的一页！

托克托县工业发展的历史变迁

历史的长河滚滚向前，日新月异的变化中，托克托的工业发展昂首奋进，可圈可点，给历史的进程涂抹了浓重的亮色，恢宏大气而又辉煌夺目。

在时代奔腾不息的脚步中，托克托县沿着新型工业化道路旗帜鲜明而又底气十足地谱写着新的篇章。

托克托县工业发展从1949年到现在经历两次大的飞跃，第一次飞跃，是从中华人民共和国刚刚成立时的一穷二白到改革开放，直到20世纪末形成的以农产品加工为主的中小型企业发展格局。第二次飞跃，是进入21世纪后，大唐托电的开工建设和投产发电及托克托工业园区的建成，形成的电力、生物制药、冶金、新型化工四大支柱产业格局，成为托克托县经济发展的重要支撑力量。

从"一穷二白"到乡镇企业遍地开花

托克托县的工业是从手工业（作坊）发展起来的。中华人民共和国建立初期，全县手工业有653户，从业人员688人，年产值58万元，主要产品仅包括铁制和木制工

大唐托电输电线路

远眺大唐托电

具、小农具、家具、麻纸、麻绳、服装、条毡等。后经过20世纪50年代和60年代社会主义改造和调整、整顿，全县工业经济得到恢复发展，奠定了工业经济的基础，但品种不全、技术落后、人员素质低、生产能力弱、产值效益低仍是当时工业经济的真实写照。十一届三中全会后，中共托克托县县委、县政府因地制宜地发展地方工业，县内全民所有制企业、集体所有制企业及乡镇企业，不断优化内部结构，大力进行技术改造，切实增强自身竞争力，实现了县域工业经济由小到大，由弱到强的转变，为以后更好更快发展奠定了基础。

从20世纪70年代开始，托克托县先后办起了农机修造厂、糖厂、印刷厂、半导体厂等几个国有企业，恢复了果酒厂，构筑了县办国营工业的主体。20世纪80年代末90年代初，先后成立乳品厂、黄河制药厂、淀粉厂和毛纺厂，职工

1066人，总产值为1285万元，实现利税总额231万元。进入20世纪90年代，加大外引内联力度，又建成酒精厂和肉牛公司。1995年，以酿酒公司（前身分别称为食品厂、果酒厂、葡萄酒厂）为核心，组建托王集团，生产的系列白酒、葡萄酒在内蒙古自治区内颇有名气，一度成为县财政收入的支柱企业。次年，以华天水泵总厂（前身为农机修造厂）为核心组建华天集团，企业产品"华天牌"水泵被誉为全国名牌，经济效益较为可观。20世纪末，受市场环境和产品质量影响，全民所有制企业不同程度地出现产品销售不畅、经济效益下滑、工人收入减少等问题，以产权制度为核心的企业改革全面铺开，全县全民所有制企业实现了转制、整合。

托克托县集体企业是在20世纪50年代中期生产资料社会主义改造完成后，由个体手工业户组成的集体所有制厂社基础上发展而来，

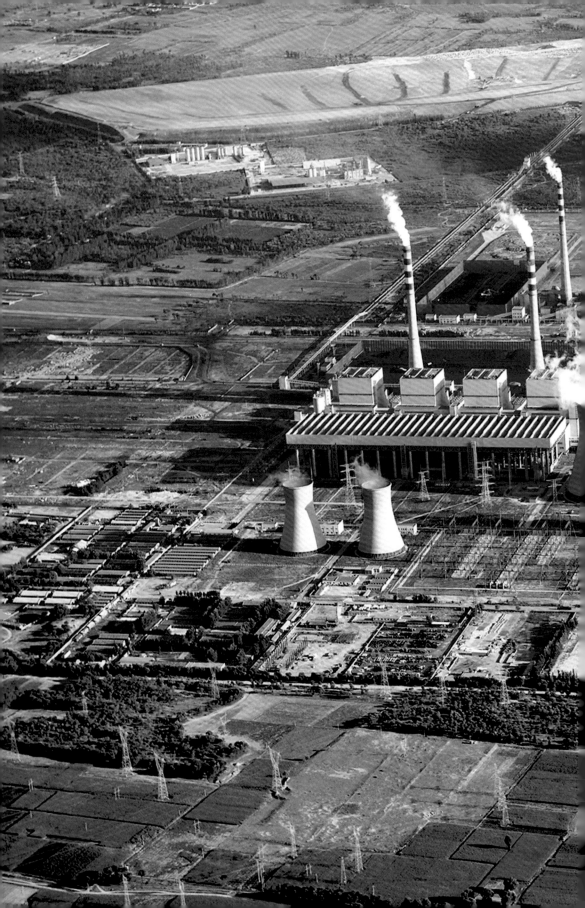

大唐托电冷却塔

到1978年，全县集体所有制企业增加到49个。1997—1998年，在以产权制度为核心的改革中，集体企业率先实施转制，在职工自愿的情况下，通过资产置换身份与企业解除劳动关系，自主择业，自谋生路。

乡镇企业是由原人民公社时期的社（即公社）队（即生产队）企业和个体企业发展而来。1979年后，多种形式的农业生产责任制的实行，生产力获得解放，各乡镇的集体企业蓬蓬勃勃发展起来了。到1985年底，全县乡镇企业共有1917个（其中集体企业60个，联户企业219个，个体企业1638个），从业人员5822人，全年实现总产值1765万元。20世纪90年代，全县建成几个大中型高科技企业和集体、个体私营企业。华蒙金河集团、华玉淀粉厂分别被国家农业部确认为"大型一档乡镇企业"和"中型二档乡镇企业"，成为农畜产品加工、农业产业化的龙头企业。另外，各乡镇都建成一批重点乡镇企业，如永圣域造纸厂、奶牛养殖场、乳制品加工厂，南坪乡乳酸饮料厂，五申精炼油厂，金河饲料添加剂厂等，当时在县内乃至周边地区有相当影响力，其中蒙川绿色食品有限公司、顺宇企业、融成玉米开发有限公司发展势头强劲、经济效益可观，乡镇企业呈现快速发展的良好态势，连续5年进入全区百强县乡镇企业总量效益前十强。

大唐托电落户托克托县记

20世纪90年代，由于受市场经济大潮的冲击，托克托县国有企业、集体企业纷纷转制或破产，一些个体私营经济在国家产业政策的感召下开始成长起来，但这些企业技术水平低，产品单一，管理落后，很难使工业经济成为全县经济社会发展的动力引擎。1986年，托克托县被国务院确定为第一批国家级贫困县，当年全县国内生产总值仅为5300万元，财政收入234万元，城乡居民收入分别为271元和237元。

托克托县自身资源贫乏，号称"地上没草，地下没宝"。但建设坑口电站却有着得天独厚的优势，县内地势平坦，交通便利，距鄂尔多斯市黑贷沟煤田仅60千米，流经县内37.5千米的黄河可提供充足的地表水源。随着大唐托电的建成投产并网发电，以其强大的助推力，成为托克托县经济迅猛发展的火车头，不仅使古老的托克托焕发出蓬勃的生机和活力，也使托克托发生了凤凰浴火般的重生——由传统农业县向新型工业县的历史性转变。

托克托电厂是国家"十五"期间重点建设项目，是国家规划的准格尔能源基地和"西电东送"北通道重要的大型电源项目之一，是向京津唐电网送电的大型坑口电厂。早在1983年4月，国家水电部部长钱正英、副部长李鹏就召集内蒙古自治区政府、水电部有关单位专门研究准格尔基地规划，确定兴建托克托电厂。1992年邹家华副总理亲临托克托电厂厂址进行调研并做重要指示。1994年5月，李鹏总理视察内蒙古电力时对拟建的托电工程给予肯定。当年，托电一期工程完成项目批准书批复。第二年11月，内蒙古大唐托克托发电有限责任公司在呼和浩特市组建成立，公司资本金由北京大唐发电股份有限公司、北京国际电力开发投资公司和内蒙古蒙电华能热电股份有限公司三家股东分别以60%、25%、15%的比例出资注入。2000年1月，托电工程开工报告获国务院批准，8月1日开工建设。经过三年建设，2003年6月9日和7月29日，托电1号、2号燃煤机组（60万千瓦）分别建成投产发

电。从最早的规划设计到正式投产发电，历史走过了整整20年。其二期、三期、四期工程（各安装2×60万千瓦燃煤机组）也分别于2004、2005、2006年先后并网发电。至此，托电1—4期（总投资为130亿人民币）共480万千瓦火力机组建成发电，自备电厂2台30万千瓦机组投产发电，托克托县火电装机容量达540万千瓦，已成为亚洲最大的火力发电基地。2007年11月19日胡锦涛总书记视察托电时指出，要加快推进托克托电五期2×60万千瓦工程建设，把托克托县打造成世界最大的火力发电基地。大唐托电五期2台66万千瓦发电项目，该项目的开工建设为托克托县乃至呼市地区的经济发展注入新的活力，9号机组已于12月11日第一次并网发电实验成功；10号机组将于2017年4月底试车发电。届时，托克托县也将成为世界较大的火力发电基地。

天时不如地利，地利不如人和。如果说，国家实施西部大开发战略和县境内交通、水利、地貌及周边的煤炭优势，分别是托电建设的天时、地利条件的话，那么中共托克托县县委、县政府及全县人民对托电建设的热切盼望和大力支持就是最重要的人的因素。从拟建托电开始，到五期的即将上马，中共

托克托县历届县委、县政府呕心沥血、励精图治，用艰辛的努力和超常的付出换来了托电的落地生根、枝繁叶茂，始终将支援托电建设作为一项重要任务，明确提出"支援托电，发展托县"，一场举全县之力扶持托电开工建设的人民战争在全县展开，这为托电建设创造了良好的创业环境，这一笔也将永远彪炳在托克托的史册上。

托克托工业园区终成集聚效应

托电的成功建设，使全县经济和社会面貌发生了翻天覆地的变化，托克托县由一个"国贫县"进入内蒙古一流经济强县的行列，保吃饭、保运转的时代已成为历史。是止步不前、坐享其成，还是乘势而上、继续实现更大的发展，托克托县人坚定不移地选择了后者，并且开创性地提出了依托托电、建设托克托工业园区的战略构想。正是由于中共托克托县县委、县政府独到的眼光，颇具匠心的规划，托克托工业园区以快节奏、高起点、大格局的姿态出现在黄河岸边，一篇大气磅礴的发展县域工业经济的文章，使在起承转合之中一气呵成。

在托电建设过程中，中共托克托县县委、县政府已认识到托电建设对托克托县的重大意义，当时想得更多的是如何为电厂服务，以此拉动全

县经济发展。2002年10月，时任内蒙古自治区党委常委、呼和浩特市市委书记杨晶提出了建设托克托工业园区的设想。内蒙古自治区党委书记储波立即给予肯定。随即，在市里几位主抓工业的领导直接策划支持下，大唐托电领导全力支持，园区于2002年底正式启动。中共托克托县县委、县政府对园区建设予以高度重视，在三个月之内完成了园区的规划、测绘、地类调查、土地征用等前期筹建工作研究，制定了水、电、气、税收、土地等一系列优惠政策。还坚持"特区特管"、"特事特办"的原则，实行统一管理，以优质的管理和服务使园区真正成为了改革开放的实验区，与市场经济体制和国际惯例接轨的先行区和招商引资、发展高新技术产业的环境最优区，先后组织多个招商团到全国各地招商引资。

托克托县处于呼包鄂金三角的腹地，被国家列入呼、包、银、榆经济发展圈，距已探明储量544亿吨的准格尔煤田仅50千米、黄河流经托克托县境内37.5千米，辖区内拥有亚洲最大的火力发电基地——大唐托电，具有较好的水煤组合优势、电价比较优势、区位交通优势。穷则思变、锐意进取的托克托县人利用这些优势孕育发展了今天的托克托工业园区。

托克托工业园区所在地原本是几个人烟稀少的小村庄，经过十多年的努力，托克托工业园区已具有相当规模，园区内企业呈现明显集聚效应。按照规划，园区总面积65.8平方千米，分五个功能区，即电力能源区、生物制药区、金属冶炼区、化工区和综合服务区。经过十年的开发建设，园区基础设施建设累计投资25亿元，先后建成了东西区主干道、污水处理厂、变电站等重点工程，园区通车道路达31千米，配套雨污管网81.5千米，完成开发面积15平方千米。随着基础设施和服务功能的不断完善，托克托工业园区以优惠的电价，充足的水源，便利的交通及良好的社会环境，吸引国内大批企业入园建设，入园企业已达到34家，工业固定资产投资累计完成400多亿元，在建和在谈项目协议总投资超过1000亿元。园区的产业定位是以电力能源工业为基础，以金属冶炼、新型化工和生物制药为主导，同时带动相关产业同步发展。园区现有装机容量达540万千瓦的大唐托克托电厂，年发电300多亿度，年产值约90亿元，上缴税金约17亿元，为亚洲较大的火力发电基地。大唐托电五期项目，总投资为52.4亿元，用地面积为33.33公顷，拟在原四期工程预留场地的基础上扩建2×60万千瓦国产超超临界燃煤空冷发电机组，并同步配套建设烟气脱硫和脱硝设施。托电五期2台66万千瓦发电项目，9号机组已于12月11日第一次并网发电实验成功；10号机组将于2017年4月底试车发电。有常盛制药、金河股份、神舟生物等10家生物制药企业，产品有人药、兽药、农药共23个品种，发酵总容积近3万立方米，年产值约190亿元，上缴税金1.5亿元，是国内较大的一个生物发酵基地；有正在形成规模的高铝粉煤灰提取氧化铝，进而生产电解铝以及铝制品深加工的铝生态工业园，总规划面积达13.5平方千米；有以煤炭深加工为主的煤化工企业。园区在开发建设过程中，始终立足优势产业链，以"减量化、再利用、资源化"为原则，围绕提高核心竞争力，培育主导产业突出，大力发展循环经济，实现资源的循环再利用，减少环境污染，努力做大做长做强"煤—电—高铝粉煤灰提取氧化铝—铝硅钛合金—铝硅钛合金材料深加工""煤—甲醇—烯烃—下游产品"和"玉米—淀粉—原料药—成品药"三大循环经济产业链。

托克托工业园区自2003年开发建设以来，托克托县在较短的时间内实现了由国家级贫困县向自治区经济强县的跨越。在发展工业经济的同时，中共托克托县县委、县政府始终把环保问题作为全县工作的重中之重，攻坚克难，负重整改，投入了大量的财力、物力、人力实施环保治理工程，加大环保达标治理工作力度。全县已累计投入环保资金近40亿元，建成一级污水处理厂10座、二级污水处理厂1座、中水处理厂1座、高盐水晾晒池3个，同时还建成城镇污水处理厂1座，形成了上中下游四级污水处理体系。县内涉水企业产生的污水经自建的一级污水处理厂COD300毫克/升达标后，排入二级污水处理厂进行深度处理，出水COD达到60毫克/升以下，然后经中水处理厂进行反渗透处理，80%以上中水供大唐托电作为循环冷却用水，中水处理产生的高盐水排至高盐水晾晒池处理，基本构建起了上中下游完整的四级污水处理体系。托克托县正以壮士断腕的勇气，大力实施环保民生工程和环保监管制度，破解环保难题，彻底解决环保问题。

托克托工业园区已成为托克托县经济发展的最大亮点，园区对县财政的贡献率达70%以上，是托克托县重要的经济增长极，是自治区级高新技术产业园区和循环经济示范区，位列全区20个重点开发区第二位，被国家农业部评为"全国农产品加工创新基地"，被国家科技部命名为"国家火炬计划呼和浩特生物发酵特色产业基地"。

花香蝶飞舞，巢暖凤来栖。相信，将有更多有卓识、有良见、有潜力的投资者来托克托开疆拓地、投资兴业、创造辉煌。

着力打造首府一流卫星城镇

沿兴托路、托克托大街走进今天的托克托，您会看到城镇面貌焕然一新，一条条街道宽敞整洁，一座座高楼拔地而起，一个个广场风格迥异……近年来，托克托县按照呼和浩特市市委提出的"小而美、小而特、小而强"的城镇建设要求，围绕"一城三区、两头带中间"的城镇建设思路，着力打造首府一流卫星城镇。

城市规划更趋完善。善弈者谋大局，善局者谋大势。中共托克托县县委、现政府紧扣"建设生态、宜居、幸福、美丽托克托"这一主题，为进一步拉开城镇框架，重新修编了《托克托县城市总体规划》《托克托县城市控制性详细规划》，城区规划总用地面积57.17平方千米，建设用地面积41.14平方千米。为了把有限的财力打捆使用，集中打造城镇建设的精品工程，委托中国城市科学研究院对托克托县新区13.8平方千米的中心区进行了城市设计，重点对4.7平方千米的核心区进行了具体的形象设计。编制完成了《街景整治规划》《污水专项规划》等十四项规划，正在编制《托克托县旧城改造项目规划》《托克托县黄河湿地文化旅游总体规划》。目前，托克托县总体规划控制总面积为406平方千米，规划期限为2012—2030年，规划确定托克托城区路网结构以方格网形式为主，主干路网为"五横六纵"，城市总体布局"一城三区"。

城镇面貌焕然一新。在规划设计的基础上，按照新区彰显现代文明、旧区体现云中文化、沿黄河旅游区展现黄河文化的定位，统一制定了托克托县城市形象标识，做到了文化

托克托文化广场一角

托克托大街

内涵与地域特色的有机统一（天鹅为古云中城的"吉祥物"，祥云、城楼与天鹅图形融为一体，寓意托克托历史文化源远流长，托克托人民志存高远、奋发图强、共建美好家园的愿景）。中共托克托县县委、县政府始终把关注和改善民生工作摆到重要位置来抓，总投资11.51亿元，实施了道路、广场、公园、绿化、巷道改

城中村改造工程

造、城区饮水工程、活动中心、少年宫和政务服务大厅、社保服务大厅、公安指挥中心等重点工程和公共基础设施，使城区面貌焕然一新，群众生产生活条件得到极大改善。托克托县投资约1.1亿元，实施了城区饮

云中文化休闲园雕像

云中文化广场

改造与新农村建设同步实施，李家圪旦城中村改造进展顺利，9个棚户区改造项目主体完工。对城区托克托文化广场等休闲游园和黄河大街、东胜大街等重点路段实施了大规模的美化、净化、绿化、亮化工程，做到了城市建设与生态建设有机统一，城市绿化率达到35.64%。经过几年努力，拉开了城市框架，完善了城市功能，提高了城市承载力，城镇面貌焕然一新。城镇建成区面积达到14平方千米，城镇人口达到8万人。

水、巷道改造、垃圾场、公厕、环卫车辆等城市配套工程，进一步完善了群众服务设施。全县已累计投入13亿元，新建改造市政道路15条、广场公园8处、完成棚户区改造项目27个、2600多户，统筹推进城区饮水、集中供热等工作，城镇饮水达标率达到98%、集中供热达230万平方米，综合承载能力有效提升。开发房地产项目30多个、100多万平方米。新启动棚户区改造项目4个，已完成征拆1201户，38.56万平方米。养大圜圙城中村

道路建设四通八达。2013年以来，托克托县进一步加快道路建设步伐，投资4.8亿元，新建续建改造市政道路15段，全长约23千米，东胜大街西段改造工程，东胜大街东段、中段，平安路北段，健

东胜文化广场

康路南段、北段、通达路北段已全部完工，同时实施了电网改造、集中供热供气、安全饮水等一大批惠民工程。沿黄公路改扩建、呼准铁路复线、呼准鄂铁路项目已开工建设，呼杀高速公路托克托县至和林格尔县连接线全面完工，以呼大高速、省道S103线和呼托旧路为主干的"五横六纵"的城镇道路框架初步形成，与呼和浩特市形成了"三线连接"。在大力实施城镇建设同时，中共托克托县县委、县政府着力推动基础设施向农村延伸。建设城乡道路联网、电力供应同网、供水供气并网的基础设施体系，累计投资8.8亿元，新改建公路里程达518.8千米，全县公路总里程达966.5千米。其中，高级、次高级以上公路达686.2千米。加快乡村道路建设，投资近9亿元，建设了农村道路1495千米，实现了乡乡通油路、村村通砂石路。投资5000多万元，完成了城区饮水工程，彻底解决了城区8万人的供水不足问题。投资近7000万元，新建和改造水源150多处、管网1740千米，惠及12万人，彻底解决广大农村的安全饮水问题。投资2300万元，对193个村，实施农村电网改造工程。同时，投资14亿元，实施人居环境改造，进一步提升了统筹城乡发展的承载能

东胜大街

大盛魁购物中心

东胜大街

"村村通"柏油路

力，努力将托克托县建设成为首府一流卫星城市。

大笔绘蓝图 精心筑坦途

漫步在托克托县城区，一条条宽阔平坦的高标准道路四通八达——东胜大街、托克托大街、远

腾飞路

呼准铁路黄河大桥

大路、云中路、祥和街、平安路、双河路等连环成网，条条公路三季有花、四季常青，如生态长廊、巨龙腾飞，拉大了托克托县的城市框架，为群众出行提供了诸多便利。

一条道路带动一片产业，一条道路造福一方百姓，便捷舒适的交通公路网为托克托县项目引进、打造城市建设品牌，改善群众生活环境搭建了良好的发展平台，使托克托县跨越发展的道路越走越宽广。

如果说高大的建筑是城市的骨骼，那么宽阔的道路就是城市的血脉。血脉是否通畅，直接影响着经济社会发展和居民的生产生活。近年来，托克托县高举创新发展的旗帜，围绕经济建设大局，解放思

想，抢抓机遇，以服务民生为主线，以改革创新为动力，以项目建设为抓手，不断加大资金投入力度，全面加强行业管理和优化服务环境，使各项事业取得了显著成效，为建设生态宜居幸福美丽托克托提供了强有力的交通支撑。

科学规划绘蓝图

科学规划是城市及道路建设的先决条件。按照统筹规划、适度超前的原则，托克托县新修编了《托克托县城市总体规划》、《托克托县城市控制性详细规划》。2012年初，委托中国城市科学研究会对托克托县东部13.8平方千米的新镇区进行了城市设计，重点对4.7平方千米核心区内的单体工程及各小区进行了修建性详细规划。今年以来，委托上海交通大学编制了《托克托

城际快铁

黄河大街

县交通道路发展规划》。高起点的规划为托克托县今后道路交通建设健康顺利地推进起到了明确的导向作用。

项目助推展新颜

项目建设是交通事业发展的载

托克托大街

体。近年来，托克托县以道路改造升级、行政村通畅工程等项目为重点，积极组织，强化监督，着力把每一个项目建成优质工程、亮点工程、廉洁工程、利民工程。

"十二五"期间，托克托县累计投入公路交通建设投资8.8亿元，新建改建公路518.8千米，全县公路总里程达966.5千米，120个行政村沥青水泥路通畅率达100%。托克托县首条投资过亿的公路广宁大道竣工通车，该公路的建成对加快呼和浩特市公路网建设，发挥沿黄河资源优势、打造托克托县沿黄河旅游经

碧绿农田

济带及提升托克托县经济建设水平具有重要意义。首座自建的立交桥格图营大桥基本建成。呼准铁路复线、呼准鄂铁路项目托克托县段基本完工。公路网布局、通达深度和通行能力迅速提高，城乡一体化交通网络基本形成。

大力推进行政村通畅工程建设是改善和提高农村交通条件、优化投资环境、增加农民收入的有效途径。为营造"小而精、小而美、小而特"的托克托提供了良好的交通保障。

日新月异的现代化交通公路网，像如椽的巨笔，在托克托大地上绘就了最新最美的图画。密布的城乡公路网、便捷舒适的交通运输给托克托县的20万人民带来了实实在在的实惠。托克托县仍还有众多道路项目正紧锣密鼓的建设中，新的交通网络正吹响着经济图强的"号角"，我们坚信，有四通八达的交通网络的支撑，托克托县的经济社会发展必将会实现新的跨越！

文化春风拂面来

文化，承载着人类文明进步的积淀，是一个地区赖以凝聚人心、推进发展的精神动力和智力源泉，而文化发展的轨迹折射出的是一个地区乃至整个国家经济社会发展的综合实力。

"瑞沃杯"自行车赛

托克托县历来重视文化建设，在加快经济发展的同时，一直把加强文化建设作为一张特色品牌来精心打造，特别是近年来，以建设全区文化大县为目标，以加快文化设施建设为基础，以繁荣文化事业为龙头，大力弘扬民族文化、地域文化，弘扬主旋律，传播正能量，多层次多形式开展积极健康向上的文化活动，丰富了城乡群众的文化生活内容。先后新建扩建了县博物馆、文化馆、图书馆、新华书店、体育场和休闲娱乐广场、公园等公共文体活动场馆，建筑总面积达到13万平方米。广播电视"村村通"工程实现了全覆盖。文化市场体系进一步健全，网吧、音像、娱乐等文化服务项目分布均衡，发展有序。独树一帜的托克托博物馆成为内蒙古自治区中西部建馆时间最早，馆藏文物最多的旗县级博物馆之一。一批镇村文化站、文化活动室、"草原书屋"雨后春笋般发展

起来，如五申镇的润德堂书法展馆，收藏和仿制了历朝历代书法名家的艺术作品和碑文，荣获了"全区十佳文化大院"称号，成为基层群众感受历史文化魅力，开展传统文化教育的美好场所。值得一提的是托克托人民体育场，其设施齐全、功能完善，是目前呼和浩特市最大的专业体育场地之一，可容纳

锣鼓赛

书画走进农村

30000多名观众。内设的田径、球类、技能赛场以及配套的办公室、休息室、室外健身场等，服务设施完备，可接纳县内外各种体育赛事和群众性文化活动的开展。

本着用文化唱响托克托，用文化唱美托克托的理念，着力打造城市文化名片，增加城市文化气息。2013年通过深入研讨、广泛征求有识之士的意见，高度凝练了"诚信、厚德、创新、和谐"的托克托精神，并精心创设了富有托克托历史文化内涵的城市标识，在城市的各个窗口支点、文化广场制作了一批独具特色的大型雕塑。充满文化气息的托克托文化广场，不仅为城区增添了一道亮丽的风景线，也为居民休闲、娱乐、健身提供了一个良好的场所，为提升城市文化品位，改善居民生活环境奠定了良好的基础。

托克托县的文艺创作一直充满浓郁的时代气息和地区特色。近年来，托克托地方文化艺术工作者倾心创作了一批思想性、艺术性、观赏性相统一的优秀文化艺术作品。如：《云中书画集》《托克托民俗》《代魏盛乐期云中城建都考》《托克托庙宇》《托克托民间故事集》《云中文化》等文化作品；创作的《叔嫂情》《寻找老扶贫》《刘统勋私访河口镇》《黄河岸边是我家》和《传奇卒头张喜云》一大批二人台、历史剧、小说等文艺作品，进一步丰富了群众的文化家园。创作的大型历史舞台剧《君子津》、图书《双河奔流》、舞蹈《家乡的小河》获得呼和浩特市第九届精神文明建设"五个一工程奖"，《君子津》荣获全区二人台剧目创作一等奖和剧目二等奖；《托克托历史文化丛书》《李裕智传》《苏谦益传》等书籍顺利出版。特别以反映托克托人民诚信、善良为主题，由县乌兰牧骑排演的历史舞台剧《君子津》，在全县性的巡演和呼和浩特市的集中展演中取得了极大成功，引起社会各界的强烈反响，切实弘扬了主旋律，传播了正能量。

消夏文艺晚会

第三届黄河文化旅游节开幕式

"文化进社区"、图书服务周和宣传月活动等公益文化活动的开展,丰富了群众的文化生活内容。特别是群众自办文化成为基层群众文化生活的亮点,具有代表性的黑水泉村"明泉文化广场活动"成为新农村文化阵地活动的样板,其原创《黑水泉村之歌》被评为全国首届村歌大赛十佳金曲之一。由中共托克托县县委宣传部推荐,内蒙古自治区文联选送的托克托县歌手史丽英在"首届中国农民艺术节乡村歌手大赛"上获得了原生态组金奖。托克托县歌手蔺鲜鲜在参加2013年中央电视台《星光大道》栏目第六个月赛上获得第二名,进一步提高了托克托县的知名度和影响力。

"月月有活动,节节有演出,处处有亮点"是今天托克托县群众文化活动的真实写照。近年来,托

庆"六一"百米长卷亲子绘画

克托县除在传统节日内举办丰富多彩的群众文化活动外,还不定期举办各种群众性文娱活动,如:乌兰牧骑惠民下乡演出、消夏广场文艺活动;篮球、乒乓球、羽毛球、门球、太极拳、健身操、象棋等体育比赛活动;"书法、绘画、剪纸、摄影"作品展览、书画讲座、书法笔会、民间器乐表演等活动,特别是一年一度的"黄河文化旅游节"的各项文化活动更是成为宣传托克托,展示托克托文化的窗口。黄河文化旅游节以"爱我母亲河、共建托克托"为主题,通过经贸洽谈、文化研讨、饮食展示、旅游推介、文娱演出、体育比赛、葡萄采摘、物资交流等十几项活动,充分展示托克托建设的风貌和成就。

文化创造财富。随着改革的进一步深化,托克托的文化事业、文化产业会进入一个更加蓬勃发展的新时期,托克托这座历史悠久、文化底蕴深厚的名城,正蓄势待发,全力向一流文化强县大步迈进!

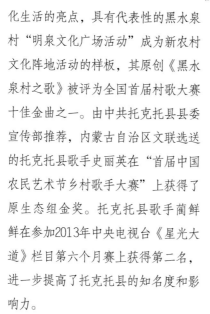

乌兰牧骑下乡演出

托克托县民族幼儿园

唱响"办人民满意教育"的奋进之歌

"百年大计,教育为本。"教育事业的发展水平体现了一个地区的发展后劲,决定着一个地区的发展未来。站在新的历史起点上,托克托县教育工作继续在深化教育教学改革、促进教育公平的道路上昂首阔步,唱响了一曲"办人民满意教育"的奋进之歌!

翻开托克托县教育工作的日志,一项项工作新举措让人们真切地感受到了教育发展浪潮的澎湃激情!

大力实施学前教育三年行动计

托克托县民族幼儿园

划,加快公办幼儿园建设,扩大学前教育规模,推进示范化、特色化幼儿园建设。2016年新建、续建公办幼儿园5所,1所已投入运行,其余4所基本完工,2017年3月份将全部投入使用,全部投入使用后可新增42个幼儿班、1260个幼儿学位,全县公办幼儿园将增加到15所,学前三年毛入园率将达到95%以上,大大缓解幼儿就近入托难的问题。民族幼儿园积极创建自治区级示范园,新城幼儿园加盟自治区《幼儿美术综合创意课程建设研究》课题组实验,形成幼儿美工教育新特色。同时,大力扶持成规模的民办幼儿园发展,争取中央、自治区民办幼儿园财政专项扶持资金116.3万元,自筹资金1500多万元,为民办幼儿园配备幼教设备、补助租用园舍资金、新建教学楼,推动民办幼儿园的标准化、规范化发展。

义务教育均衡发展,全面推进。新建启航小学,规划建设光明学校,占地213亩,总建筑面积51520平方米,总投资达1.5亿元。投资1900多万元对双河镇第一小学、第四小学教学楼进行扩容改造,为新营子镇第三小学配套建设公寓楼、餐厅,为新营子镇第二小学等3所小学新建营养食堂,实施县民族小学至黄河大街道路建设工

托克托县第一中学

程。以上举措，切实解决了学校班容量大、食宿条件差、上下学行路难的问题。投资1500万元为县民族中学新建塑胶操场及看台，城区学校操场基本实现塑胶化。投资1300多万元配备电子白板等多媒体教学设备及理化生实验室等，初高中教学班全部实现了"班班通"多媒体教学，为建立以学生学习为中心的课堂教学奠定了基础。

优质发展高中教育，优先发展民族教育，大力发展职业教育，2016年9月份开工建设了职业教育实训基地，建筑面积7000平方米，总投资2250万元，建成后将推动职业教育改革与发展，进一步深化产教融合、校企合作，提高人才培养质量，构建区域现代职业教育体系。投资9700多万元对县第一中学整体进行改扩建；为县民族中学新建实验楼、公寓楼，成立蒙古语文组；邀请北京昌平二中与县民族

中学开展同课再构教研活动；积极推进县职业中学实训楼建设，目前已顺利交工使用。不断深化课堂教学改革，促进教育教学质量提高。托克托县第一中学与呼和浩特市第一中学结对共建，成功承办全市中等职业教育"产教结合、校企合作"现场会，积极进行国家级农村职业教育和成人教育示范县的申报，努力创造条件为学校抓发展、抓质量解除后顾之忧。在近几年优

托克托县职业中学电教室

托克托县职业中学电教室

托克托县民族中学

质生源流出较大的形势下，2016年全县教育教学质量仍稳步提升。普通文、理本科一批上线共92人，600分以上6人，全县高考一本上线人数居呼和浩特市农业旗县之首。

积极开展"城乡学校手拉手活动"，形成"市、县、镇"三级城乡帮扶网络，以优质学校带动薄弱学校发展。县城13所学校与呼市、北京昌平区、海淀区等学校开展了结对共建，农村9所学校与县城、呼市等学校开展了结对共建，先后开展互访交流140多次，培训60多次，送课220多节次，实现了师资互通、教学互动、教研互促、资源共享，教育教学质量明显提高。引进新的办学理念，加强与内师大的合作，在启航学校建立内蒙古师范大学第三附属中学，辐射带动全县教育发展水平整体提升。选派名师担任校

长，让学生在家门口接受优质教育资源。在启航学校建立内蒙古师范大学教育研究暨学生实习基地。此外，积极推进城乡结对帮扶，形成了"市、县、镇"三级城乡帮扶网络。通过中俄区域合作新契机，打造特色教育和品牌教育，2015年争取到呼和浩特市唯一一家公派赴俄罗斯留学学位资格，2015、2016两年托克托县第一中学共有10名毕业生被公派到俄罗斯留学深造。

高度重视全县师资队伍的培养和建设。规定：一方面通过引进人才的方式，选聘第一学历为一本的优秀毕业生到初、高中任教，另一方面选聘第一学历为二本的毕业生到小学任教，整体提升教师的学历水平。并依托"常青义教"教育扶贫项目、骨干教师置换脱产培训，提高现有教师的整体业务水平。制定实施《关于加快全县教育发展提升教育教学质量高中实施意见》，每年拿出200多万元用于教师的表彰奖励和培训提高，以及教育教学改革工作明确规定，年度内学校公用

托克托县医院大楼

托克托县医院住院楼

经费的5%要用于教师培训组织实施教师免费体检，积极兑现教师职称工资，规划建设教育园区，切实改善和提高教师的工作和生活条件。特别在教师节期间，县政府还拿出80余万元进行了慰问、表彰活动，广大教师和干部的工作积极性、主动性和创造性进一步提高。

科学的发展规划，优美的校园环境，先进的教学设备，精良的师资队伍，优秀的莘莘学子，浓厚的文化氛围，必将促进托克托县的教育事业迈上新的台阶！迎来教育事业发展的又一个明媚春天！

谱写医疗卫生新篇章

近年来，伴随着改革开放的步伐，托克托县的医疗卫生事业改革

义务献血

创新的理念与实践，层级而上，其硕果风日流丽，不断迭见累现。各项工作高风回旋，尽诸异色。

基本医疗保障制度
建设日趋完善

大力推进医药卫生体制改革工作，基本医疗保障覆盖面不断扩大，保障水平不断提高。全县基本医疗保险参统人数达到23385人，其中：城镇居民基本医疗保险参统人数达到3824人，新农合参合人数138325人，参合率达到98.2%。政府对城镇居民医疗保险补助标准提高到每人每年115.7元，对农村合作医疗保险补助标准提高到每人每年440元。政策范围住院费用可补比例也由2005年的27%提高到现在的83%，封顶线由最初的5000元提高到现在的15万元，农民住院医药费用负担逐步减轻。

国家基本药物制度顺利推进

全县8个基层卫生院、2个社区卫生服务中心和120个一体化村卫生室，全部配备使用国家基本药物和自治区增补药物，并实行零差率销售。为保证这项工作顺利开展，2010年，制定下发了《托克托县实行国家基本药物制度实施方案》，设立了基本药物货款收付专户，下拨周转金20万元，在全县基层医疗机构开展用人机制、管理体制、运

文化下乡

行机制、补偿机制、考核分配机制等一系列综合改革。积极建立绩效考核制度，兑现绩效工资，实现了县乡村卫生服务一体化管理。国家基本药物制度实施以来，基层医疗卫生机构药品费用降低20%左右，抗生素和激素的使用降低40%左右，基本药物实现了基层医疗机构全覆盖，减轻了城乡居民的用药负担。

基层医疗卫生服务体系进一步加强

近年来，在县财政资金紧张的状况下，托克托县仍然全力保证医疗卫生资金足额到位，保证上级专项资金及时拨付，用于基层医疗卫生服务体系建设，医疗服务条件明显改善。先后共计投入7000多万元（其中县级财政投入947万元，其余为专项资金），作为基层医疗机构建设、基本公共卫生和重大公共卫生等项目运作经费，对8个乡镇卫生院进行了垃圾无害化处理和改扩建。村级卫生室按标准化实现了全覆盖。同时，加强乡镇卫生院医护人员和乡村医生的培训力度，全面提高服务水平。基层卫生院职工的工资发放比例由80%提高到了100%，彻底解决了基层医护人员的后顾之忧。启动实施以全科医生为重点的卫生人才招聘计划，近年来，共为基层卫生院招聘了19名护士、12名卫生技术人员，基本解决了基层卫生院护士和医技人员长期短缺的问题。

基本公共卫生服务均等化全面实施

托克托县按照国家相关标准，免费为城乡居民提供了11类43项基本公共卫生服务项目，基本公共卫生服务经费提高到30元。截止目前，全县为19.95万居民建立了规范化电子健康档案，电子档案的合格率为全市最高。健康管理65岁以上老人1.42万人（总数1.67万人），高血压患者1.8万人，糖尿病患者3730人，重性精神疾病患者594人，并提供基本医疗保健服务；为农村妇女住院分娩发放补助1350人，免费开展宫颈癌筛查2700人；0—6岁儿童

医疗下乡

健康管理率为95%，居民健康知识知晓率达到80%以上，孕产妇健康管理率为97.88%，免费婚检率保持在95.17%以上。

公立医院改革试点
工作稳步推进

作为托克托县唯一的公立综合性医疗机构，国家和地方政府下大力进行改造建设。共投入3398万元（其中：国家1245万元，呼和浩特市863万元，县政府1290万元），对县医院住院楼进行新建和改扩建；投入1200万元，购置了一台具有国际先进标准的核磁共振仪，筹建了核磁室，并于2013年8月份正式投入使用。在大力改善医疗条件的同时，逐步完善医院内部运行机制。为全力减少医患纠纷，县政府和卫生行政部门对县医院实行监督制度和定期考核制度，以规范县医院的诊疗行为，提高医疗质量。同时，县政府鼓励县级医疗机构实施人才发展战略，帮助县医院加强医疗技术人员队伍建设。积极协调北京协和医院、内蒙古医科大学附属医院、内蒙古武警医院等大医院与县医院实行对口帮扶，通过与县外知名大医院的互相学习、交流，推动县医院逐步建立起了一支优秀的医疗工作队伍，为深化公立医院改革奠定了良好的医疗人才基础。

托克托县服务业
发展方兴未艾

托克托县地处内蒙古自治区"呼包鄂金三角"之腹地，区位优势独特，境内公路四通八达，形成了以呼大公路为中心的两横两纵四条主干道为主的方便快捷的交通网络，为托克托县发展壮大服务业创造了良好的基础条件。托克托县经济的全面发展，对服务业发展提出了更高的要求，同时也为发展现代服务业注入了强劲动力。

近年来，托克托县紧紧抓住呼和浩特市作为国家服务业综合改革试点城市这一良好发展契机，确立了服务业优先发展、高端发展战略，完善了服务业发展规划体系和政策体系，全县服务业发展取得了显著成效，为县域经济的发展做出了积极的贡献。2015年，托克托县生产总值完成242.45亿元，同比增长7.8%；其中，服务业增加值完成54.23亿元，同比增长6.8%，占全县GDP的比重为11.7%。托克托县服务业增加值占GDP的比重逐年增长，对县域经济的贡献率不断提高。

传统服务业规模
和档次不断提升

一是采取"放水养鱼"政策，以市场为导向，坚持"多予、少取、放活、引导"的原则，加大税收减免力度，鼓励民间资本自由参与到传统服务业领域，托克托县传统服务业发展实现了一个质的飞跃。到2015年底，全县餐饮、住宿、批发零售、建材、汽修、商场、超市等各类销售网点达到3000多个，各类零售经营店铺达到1500多家，传统服务业从业人员约16000多人。

二是统一谋划城区商贸布局，不断提升传统服务业规模和档次。沿东胜大街按照城市主轴线标准设计商业街，在居民聚集区打造高档次购物网点、高品质餐饮娱乐场所；改造更新原有的南坪商业街、城关商业街、云中集贸市场、黄河市场、兴盛市场等商业网点，形成满足城区居民日常消费的商贸中心及商业街；在住宅区以市场为导向，在城市总体规划范围内鼓励与居民需求相适应的服务网点发展，形成社区商贸服务区；在托克托工业园区重点发展满足职工、居民生活、娱乐消费为主的休闲娱乐服务中心。在托克托县政府统一谋划与引导下，托克托县大型商场、酒店、超市及宾馆等传统服务业项目建设进度不断加快，建设规模和档次不断提高。目前，托克托县已建成的星级以上酒店有托克托县宾馆、龙发大酒店、有信大酒店、凯

旋门大酒店等4家，总建筑面积约60000平方米；已建成的大型商场及批发市场有盛泰蔬菜及农产品交易市场、黄河市场、云中集贸市场、兴盛市场、华林商场、欢乐多超市、莹昱商场、大盛魁商场、海成商贸综合楼等9家，总建筑面积超过100000平方米。

三是不断发展完善农村服务体系。积极鼓励良种繁育供应、技术指导、农机服务、农产品流通与加工、家禽与动物疫情预防等服务型企业及项目的发展，加强农业科技服务、法律保障服务、信息服务、阵地组织服务各项工作，健全农业科技推广、动植物疫病防控、农村社会化服务、农产品质量安全体系，提高农牧业生产服务水平，切实增加了农民收入。以农村道路交通网络体系、农资农产品购销体系、文化服务体系为主的农村服务业不断发展，总投资1.3亿元的"万村千乡""新网"工程商品配送中心交易大厅投入运营，并在全区率先建成配送网站及电子商务平台。全县累计建成108家"万村千乡"农家超市，建设了美通农贸市场信息平台，正隆谷物与中储粮公司联合实施特色农产品进社区工程，在区内外建成125家放心粮油店。

现代服务业快速兴起

托克托县紧紧抓住呼和浩特市作为国家服务业综合改革试点城市这一良好发展契机，在推动服务业发展方面进行了积极的探索，建立了服务业发展领导机构和推进机制，确立了服务业优先发展、高端发展战略，完善了服务业发展规划体系和政策体系，服务业发展取得了显著成效，托克托县服务业增加值占GDP的比重逐年增长，从2012年占全县GDP的比重为15.8%提高到2016年的22.4%。五年来，共实施5000万元以上服务业重点项目77个，总投资76.18亿元，服务业对县域经济的贡献率不断提高。为了使服务业健康发展，托克托县在大力发展传统服务业的同时全面推进现代服务业迅速发展。

现代物流业发展迅速

随着工业经济的不断发展，托克托县近年来每年的煤炭交易量约1.2亿吨、玉米进出量约60万吨,此外还有大量的工业原料及产品需要运输,基于这种情况,托克托县把发展现代物流业作为发展现代服务业的主要抓手。托克托嘉和煤炭物流综合园区建设项目，2013年被呼和浩特市人民政府确定为市级煤炭物流集聚区，于2013年9月投入运营，入驻商户71家，提供就业岗位1400余个。嘉和煤炭物流综合园区目前年吞吐量3000万吨。2015年4月获内蒙古自治区发改委正式批准成为自治区级服务业集聚区。园区以现代物流技术为支撑，以煤炭运销和仓储加工为主导，以煤炭运销为纽带，走加工、仓储、运销、综合服务一体化的发展道路。2016年嘉和公司与第三方网络公司合作，成立内蒙古嘉易网络科技有限责任公司，建设嘉和e物流信息平台项目，该项目于2016年7月开工，现已投入资金约2000万元，信息中心办公楼主体工程已完工，e物流软件已完成研发并开始上网测试，预计2017年全部完工。嘉和公司计划在未来几年内实施无车承运平台建设项目、铁路发运站项目、绕城公路项目、托克托县云计算中心项目、物流小镇项目、三产及配套项目等。此外，随着近年来国家对农业的政策扶持及各种优惠政策的实行，农民种粮食的积极性提高，粮食物流仓储快速兴起，托克托县周边以玉米为主导的粮食作物连年增产丰收，托克托县年产玉米在20万吨以上。正奇、汇利、第五粮库、汇丰等一批粮食物流项目建成运行，有效仓储容量达到40万吨。

文化旅游业多样呈现

黄河流经托克托县境37.5千

米，全县地势平坦、土壤肥沃、水草丰茂。早在五六千年前的新石器时代，就有人类在这块热土上生息繁衍。这里有被考古专家命名为海生不浪文化的新石器人类遗址，有中华民族的母亲河孕育的黄河文化，有秦始皇分天下为36郡之一的云中文化，有春秋战国至明清时期先后修筑过的13座古城遗址文化，还有以广宁寺为代表的藏传佛教文化，还有以明嘉靖年间俺达汗义子卡台吉"脱脱"命名"托克托县"的脱脱文化。独特的地理区位优势和深厚的历史文化底蕴为托克托县发展现代旅游业创造了得天独厚的条件。

近年来，托克托县努力打造沿黄休闲观光经济带，经过几年的发展，集聚区现已初具规模，2015年4月获内蒙古自治区发展改革委员会正式批准成为自治区级服务业集聚区，目前旅游产业项目年接待超二十万人次，年营业额过亿元，对县域经济发展做出了重大贡献。通过整合黄河湿地辖区内旅游资源，把神泉旅游景区打造成为国家4A级旅游景区，广宁寺重建项目已完成并开始运营。瑞沃葡萄酒庄园是呼、包、鄂金三角区内唯一集葡萄种植、葡萄酒酿造、旅游观光、餐饮住宿、会议培训、文化推广等多

功能实体为一身的高端葡萄酒庄园旅游区。黄河梦幻水上乐园西南与神泉旅游度假山庄相邻，西与库布齐沙漠景区相邻，形成休闲度假金三角旅游环线。瑞沃葡萄酒庄园和黄河梦幻水上乐园计划于2017年5月1日开园营业。另外，托克托县将充分挖掘地方历史文化，分别对云中郡故城遗址、东胜卫故城遗址进行保护利用。以托克托老城区为基础，规划3平方千米范围，建设黄河旅游小镇，未来几年内将投入资金30亿元，恢复再现明清时期商贾云集的繁盛景象。塑造黄河上中游分界处河口古镇文化品牌，结合商业旅游服务及文化展示等手段，促进地方经济发展。位于该辖区内的南湖湿地公园项目正在策划中。在旅游景区的带动下，托克托县民俗旅游规模不断扩大，全县餐饮住宿及农家乐接待户收入显著提高，成功举办了六届黄河文化旅游节，对外影响力和知名度显著提升，游客接待量及旅游收入都大幅度提升。托克托县黄河湿地旅游休闲集聚区主导产业明确，特色突出，具有较强的发展潜力和吸纳就业能力。托克托县依托沿黄河一溜湾独特的地理位置，整合旅游资源，全力打造了一溜湾农业观光带，并积极引导和发展"农家乐"民俗旅游。目前，全

县"农家乐"民俗旅游接待户达到了76户。2016年，全县旅游接待人数达到60.3万人次，同比增长46%；旅游收入完成8320万元，同比增长2.3%。

此外，托克托县将历史底蕴与现代文化气息紧密相结合，注重挖掘文化创意产业，建成文化创意产业园服务平台及神泉文化创意产业园。内蒙古云中酒业有限责任公司文化创意产业园服务平台建设项目，累计建设总投资5200万元，主要建设云中文苑展览区、百年酒道展示区、托城古韵观光区、综合服务区、科技研发检测区等。神泉文化创意产业园，主要建设国际云中文化展示区、塞上风光演艺区。

生产性服务业逐步壮大

近年来，国家对生产性服务业的支持力度加大，托克托县积极响应大力发展现代生产性服务业，建成了神舟生物科技公司生物制药产业服务中心，以神舟生物科技有限公司的技术研发中心、实验室等硬件设施为依托，充分发挥企业信息服务平台、技术协作平台、创业服务平台、专利项目转化服务平台等四大平台的作用，为托克托县工业企业的发展提供技术成果引进、推广及科技培训等服务；万禾兴农资农机交易服务平台主要建设农资配送中心暨农资大仓库，为周边农民提供实惠、便捷的农资、科技信息及农资商品市场信息；中国航天工程育种基地是中国空间技术研究院与托克托县人民政府，合作建设的农业高新技术服务示范基地，基地建设航天育种成果展示区，航天农业文化展示区、航天农耕生活体验区，航天蔬菜种植示范区四个区块，服务业内容不断丰富。

科技服务业较快增长

托克托县科技服务业在近几年实现了从无到有的突破。内蒙古衡隆能源科技有限公司呼和浩特市托克托野外光伏产品实证基地项目由国内新能源产品认证领域的龙头老大——北京鉴衡认证中心作为主要投资技术支持方。该项目集光伏发电系统实验检测、科研、应用研究、教育培训为一体，属于国家鼓励与支持的高新技术服务业项目，该项目的实施标志着托克托县新能源产业发展迈上了新台阶。GMP升级改造建设项目是内蒙古正隆谷物食品为了延伸产业链，完善公司的产品结构，真正实现从田间到餐桌的全产业链控制，为消费者提供安全、放心、口感好、食用方便的放心食品而建设的项目。一期标准化种植基地5万亩，一期工程产品包括：高品质馒头、手延面、速食面、全谷物轧片、全谷物冲剂等。

电子商务实现新突破

内蒙古正隆谷物食品有限公司"互联网+粮食大宗交易"信息化平台建设项目和呼和浩特市嘉丰电子商务有限公司易农庄电子商务平台的实施，使托克托县农产品实现网络销售成为可能，网络经济正在快速、健康发展。

2016年，美团外卖入驻托克托县电商平台，为托克托县餐饮业带来了新的机遇与挑战，也改变着托克托县居民的餐饮消费方式，现在动动手指，足不出户即可以预定饭食。通过积极申报，托克托县成功入选商务部2016年电子商务进农村综合示范县，目前托克托县与邮政已洽谈合作意向，计划在2016年将农村电子商务平台项目具体实施到每一个村，该项目实施将给农村地区生活带来便利服务。

长河入海天地阔，物竞天择岁月荣。在岁月的长河中，激起的浪花闪烁着奋进的辉煌。伴随着市场经济大潮的汹涌澎湃，托克托县的服务业一路走来，快速起步，快速发展，快速壮大，已迎来了大发展的明媚春天。相信，在未来发展的征程中，托克托的服务业这艘巨轮，在商海在大潮中，会乘风破浪、扬帆起航!

旅游业展开迷人画卷

金秋八月，硕果累累，葡萄飘香。漫步于坐落在托克托县黄河岸边的神泉生态旅游风景区，小桥、流水、览车、游船相得益彰，仿佛置身于秀美的南方园林与粗旷的北方长河大漠编织的梦幻之中，欣赏着风景秀丽的自然风光，踱步到一溜湾漫山遍野、绿意葱郁的葡萄园，亲手采摘葡萄，再来到农家大院品尝香飘塞外的"托县炖鱼"等地方特色饮食，会让您流连忘返。

文化助推旅游，旅游彰显文化。托克托秉承着海生不浪的中华文明、胡服骑射的改革创新、"君子津"的诚信仁爱，努力展现着历史文化与现代文明交相辉映的魅力风采。近年来，托克托县立足丰厚的历史文化资源和独特的自然风光，以打造一流文化旅游强县为目标，进一步整合旅游资源，打造既宜居又宜游，处处是风景，处处可旅游的观光、休闲度假景区，文化旅游产业取得了可喜的成绩，曾先后被评为"呼和浩特市年度旅游项目建设投资先进地区""呼和浩特市旅游工作最佳旗县区"和"内蒙古自治区休闲农牧业与乡村牧区旅游示范县"。2013年年初，托克托县专门成立了黄河湿地管理委员会，并扩建了42千米沿黄公路，2014年编制了《呼和浩特市托克托黄河湿地文化旅游区发展规划（2013—2020年）》，为发展沿黄沿线文化旅游产业打下了坚实的基础。2016年全县共接待旅游人数60.3万人（次），旅游收入8320万元。

自然风光游。托克托县位于大青山南麓、黄河北岸的土默川平原上，境内有许多奇特的自然风光：托克托县河口是黄河中上游的分界处，奔腾不息的黄河流经县境37.5千米，折南入晋陕峡谷。乘坐缆车，飞渡黄河，可俯大河与大漠的壮阔；而登上渡船，凭风而立，又可尽展"黄河落尽走东海、万里写入襟怀间"的豪情。对岸是库布其沙漠的边缘，沙丘渺渺、苍茫一线，可以进行沙漠冲浪、骑骆驼、滑沙等沙漠探险和旅行，感受"一河隔日月"静谧与壮观。传说中的海眼神泉，汩汩喷涌。南湖公园，苇丛点缀，是泛舟和垂钓的好地方。一溜湾的农户房前屋后种植的葡萄，绵延十几里皆飘香。江南风格与塞北风光相结合生态旅游风景区，2010年9月，被国家旅游局评定为国家4A级旅游风景区，成为了托克托县乃至呼包鄂地区旅游的一张响亮名片。

历史文化游。托克托县历史悠久，文化底蕴深厚。在这块古老而文明的沃土上，有新石器时期的"海生不浪文化"遗址，有实物可考的历史就有五六千年，托克托县有文字记载的历史就有两千五百多年。这里有秦始皇分天下为36郡之一的云中古城遗址，北魏时建立的云中盛乐都城，唐代边陲要塞东受降城等十三处古城遗址。有黄河沿线历史上形成的多处召庙，其中藏传佛教中地位较高的广宁寺就位于托克托县的召湾村。明嘉靖年间阿拉坦汗的义子"脱脱"驻牧东胜卫城，托克托县之名由此得来。近年来，托克托县通过合理开发故城遗址、广宁寺召、"脱脱"王驻牧等文物古迹和文化遗产资源，加强对河口龙王庙盘龙铸铁旗杆等文物的保护，充分发挥托克托博物馆馆藏丰富、规模宏大的优势，将古迹恢复和文物保护相结合，倾力打造旅游文化大县。

现代工业游。托克托县现代工业旅游资源丰富，目前，托克托县已成为亚洲最大的火力发电基地，国内最大的生物发酵基地，随着大唐再生资源硅铝合金技改项目和广银、光太、东亚铝业及庆华集团煤基清洁能源等项目建成后，托克托县还将成为国家级循环经济示范基地和煤化工绿色能源基地。近年来，托克托县以大唐托电、托克托工业园区展厅、云中酒业为载体，从基础设施建设入手，高起点、高标准规划，硬件设施达到了配套完善，在软环境建设上积极配合企业开展企业文化建设，展示企业人文环境、工艺流程、现代管理等先进技术和理念，培育壮大工业旅游产品，使现代工业旅游成为托克托县改善投资环境的新载体，扩大知名度的新渠道，推动经济发展的新引擎。

为全力打造全市一流的旅游文化基地，托克托县将结合旅游业发展的"时空、区位、交通、资源"四大优势，加大招商引资力度，加强区域合作，加快开放开发，实现由旅游资源地向旅游产业地转变。

让幸福感永远
洋溢百姓心头

从整洁明亮的村级卫生室，到舒适宜居的住宅楼；从大批劳动力就业的工业园区，到环境优美的大广场小游园；从多项惠民政策的率先实施，到绿色环保免费公交车开通；从城镇居民领取的低保金，到敬老院里老人的福利待遇……一项项关注民生举措的出台，一个个惠泽民生项目的落成，人民群众的幸福指数大大提升，托克托县民生事业取得了前所未有的发展，托克托大地呈现出富庶繁荣、和谐发展的美好图景。

医疗卫生工作切实加强
——医疗卫生事业展新颜

托克托县一直把改善人民群众就医条件作为改善民生的重要方面来抓，近年来，类计投入资金1.5亿多元，完成了县医院、中蒙医院、合管办、疾控中心、妇幼保健所、卫生监督所、结防所、改水办（爱卫办）和2个社区卫生服务中心、8所中心卫生院基础设施的改扩建工程和医疗卫生的设备配套更新。县级医院和各中心卫生院已全部实现房屋、设备、人员"三配套"；乡镇卫生院按照《呼和浩特卫生院建设达标标准》全部达标，群众就医环境彻底改善。

建立定点医疗机构资格准入制度，监督经办机构及时发放补偿金和落实各项惠民政策；在县镇村三级医疗机构都设立了新农合医疗点，满足农民群众及时报销的需求；建立"一卡通"返还县外就医补偿款制度，方便群众就近领取补偿款；建立了县内147个医疗门诊直报点，方便参合农民就医报销。

居民住房条件有效改善
——困难群众圆了安居梦

为了彻底解决城镇低收入家庭和生活困难群众住房难的问题，实现困难群众住有所居，托克托县下大力气进行廉租房建设和农村危旧房改造。全县已累计投入资金3849万元，建成557套廉租房，通过公开抽签的形式将廉租房分配到户；为城镇无房和人均住房面积不足15平

方米的困难群众，共发放636.62万元房屋租赁补贴；为农村4879户村民的危旧房进行了改造，切实圆了困难群众的安居梦。

就业和再就业工作多渠道推进——筑牢民生之本

托克托县积极创新工作方法和思路，多措并举做好就业再就业的大文章。积极推进城市经济转型，不断加大工业园区建设力度。托克托工业园区已有22家企业，累计安排就业再就业人员20000多人。加快发展现代农业，推进"粮、草、药、肉、乳、菜"生产基地建设，参与农业产业化经营的农户达到5.49万人，物流、仓储业间接拉动农村剩余劳动力实现本土再就业达到10000多人。加快发展金融、中介、商贸、餐饮等新型服务产业，努力扩大就业容量。建立就业援助责任制，对援助对象实行"一对一"服务，重点开展了岗位援助和政策援助，实现了每户至少有一人就业的工作目标。协调金融部门发放小额贷款帮助下岗失业人员创业，建立劳务市场，为就业搭建服务平台，有效地促进和扩大了城乡就业与再就业。

公共基础文化设施建设步伐加快提升——公共文化服务质量

近年来，先后建成了独具风格的托克托文化广场、云中游园、玫瑰园游园、平安游园、东胜文化广场、

农村活动中心

云中文化休闲体验园等广场和游园。这些文化广场和小游园建成，不仅为城区增添了一道亮丽的风景，也为周边居民提供了一个休闲、娱乐、健身的平台，有效提升了城镇品位，改善了居民生活环境。

多项惠民政策率先实施——件件暖民心

从2004年开始，托克托县的民生工作如涓涓甘泉滋润百姓之心。托克托县在全市率先全面推开了农村税费改革，全部落实了中央制定的各项减免补贴政策，使农民实现了"零负担"；在全市率先实施新型农村合作医疗制度，荣获全国中小城市政府创新管理奖；在全自治区率先实行农村计划生育独生子女户养老保险和农村部分计划生育奖励扶助政策；在全市

天伦之乐

祖国花朵

率先实行城乡免费九年义务教育；在全市率先启动农村特困家庭医疗救助制度；在全市率先启动实施城镇居民医疗保险，城乡居民医疗保障实现了全覆盖；在全市率先实施城镇低保户、农村特困户子女免费高中教育，走在了全自治区前列；在全市率先启动实施了失地农民最低生活保障和养

大秧歌

老保险制度；在全市率先启动了农村危旧房改造和镇级养老院建设工程；在全市农业旗县率先建成"120"城乡联动急救体系；在全区率先启动了农民健康档案管理工程，有计划、有步骤地实施参合农民逐年定期健康体检制度并建立健康档案；在全市率先落实了基层合作医疗、公共卫生岗位全额工资待遇，有力地提高了职工的工作积极性；在全市率先实现农村广播电视全覆盖，村村通工程全面完成；在全市率先实施老年人敬老金制度，为70周岁老年人每人每月发放100元敬老金；在全市率先对职业中学学生实行免费教育；在全市率先启动实施了农村基层干部养老保险；在

公园晨练

老有所养

全市率先启动实施镇级中小幼儿园建设工程，农村留守幼儿享受到平等教育……

如果说，民生工作是跳动的音符，那么奏出的一定是洞透空灵的美妙之音。然而，民生之弦音并没有停止。从2014年开始，托克托县又在全市率先开通了免费公交，切实服务"群众最后一千米"，用体民情、贴民心、顺民意的小支点，再次撬起民生大关怀的理念。

做好社会保障工作
——为弱势群体擎起一片蓝天

托克托县努力完善社会救助体系，城乡居民衣食住行和享有的基本公共服务水平不断提高，保障的范围不断扩大、层面不断延伸。全面提高

老有所乐

广电服务下基层

城乡低保、五保供养、孤儿供养、城镇"三无"人员供养、"三民"生活救助6项民生保障标准，共发放救助金520万元。全面落实农村困难群体煤补政策，实现了城镇职工社会养老保险、城乡居民社会养老保险和基本医疗保险全覆盖，失业、工伤、生育保险覆盖面进一步扩大。

如今的托克托在民生工作方面已吹响新的号角，开始了新的进程。在党的群众路线教育实践活动的推动下，相信不远的将来，托克托县城乡的面貌会越来越美好，人民的幸福指数会越来越高！

丰收的喜悦

美丽的乡村　幸福的乐园

随着托克托县326个村的农村基础设施建设工程的全面展开，广袤的云中大地乡村处处有变化，村村有亮点，正散发出独特的乡野魅力，暖暖的幸福也荡漾在牧野乡村。

进入托克托，一种暖色调风格的新农村景色映入人们眼帘，村庄周围和村民住宅前后，过去坑洼不平的地方，经过整理都围起花栅栏成为绿化带，一幅幅精巧细致的小景色美不胜收。

在五申镇大井壕村，上了年纪和没有能力翻盖土房的"鳏寡孤独"都有了一个好去处——互助养老幸福院。51岁的王秀珍一直住在60年代老人留下的土房子里，由于要供养孩子上学，王秀珍不打算再翻盖土房，直接住进了互助幸福院的砖瓦房。"家具等都是政府配置的，我的公公婆婆也住在这里，就在隔壁，照顾他们也很方便。"王秀珍高兴地说。

干净整洁的马路

托克托县在工程实施中坚持产业融合，统筹谋划现代农业、文化旅游和生态文明建设，依托黄河文化、古城文化、蒙元文化和古建筑、古村落、古寺庙等旅游资源，打造了一批具有影响力的民俗旅游村，形成了集瓜果采摘、农家乐等为一体的观光旅游产业，不仅增加

格图营村互助幸福院

郝家窑村文化室

了农民收入，也为城市居民提供了休闲娱乐的好去处。

沿着广宁大道走进郝家夭村，干净整洁的水泥路延伸到每户人家的门口。由于东依山梁、西临黄河，特有的地形地貌让郝家窑村形成了非常适宜种植葡萄的小气候，为发展观光采摘旅游业奠定了得天独厚的条件。改造后的郝家夭村，独具特色的房舍整齐划一，新颖别致的葡萄围栏美观大方，围栏内葡萄架下一串串饱满的葡萄让人垂涎欲滴。郝家窑村史博物馆展示出村民们生产生活方式的历史变迁，废弃砖窑改造成的文化活动广场上健身运动设施齐全，葡萄保鲜库、戏剧大舞台、图书室、医务室、便民超市、太阳能路灯等一应俱全，郝家窑村犹如一幅山村美景画，让人流连忘返。

在托克托县五申镇乃只盖村，处处呈现着热火朝天地盖新房、筑新家的建设场面。施工队的工人们

颐养天年

便民超市

在汗流浃背地垒砖抹灰，拉运材料的车辆川流不息，铲土机在平整路面，清运垃圾……古老的村庄正发生着翻天覆地的变化。

在基础设施提档升级的同时，托克托更加注重公共服务的覆盖延伸，为每个美丽乡村建设集休闲、健身、娱乐于一体的文化活动健身广场，建起集草原书屋、道德讲堂、文体娱乐于一体的农民之家，农村基础设施及教育、医疗等公共服务水平进一步提升，社会管理体系日趋完善，基层便民服务代办点、电商平台、助农金融服务点、公共卫生流动服务等工作也在稳步推进。

围绕美丽乡村建设工程，托克托县在充分考虑各村的自然条件、

崭新的民房

医务室

资源优势的基础上，积极扶持发展绿色有机农牧业和文化旅游产业，夯实立村产业支撑，产业发展实现新的提升。黄河湿地管委会，依托沿黄沿线资源优势，大力发展水产

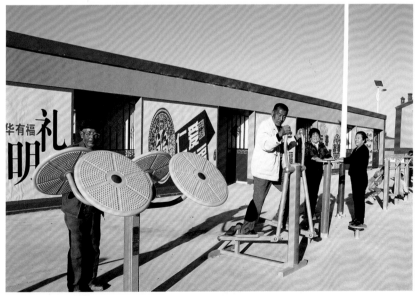

幸福的老人们

养殖、葡萄种植、休闲观光、农家乐等特色庭院经济产业，形成了以观光、体验、休闲、度假为主的产业结构。五申镇，充分发挥苜蓿种植和奶牛、肉羊养殖优势，积极引进龙头企业，建设绿色农畜产品生产加工输出基地，形成了带动农村经济发展和农民增收的新的经济增长点。新营子镇、伍什家镇、古城镇也依托自身优势，大力发展传统特色产业、光伏农业和航天育种等高效设施农业，积极推广"企业+农户+合作经济组织+基地"的经营模式，农民进入市场的组织化程度不断提高，农民从产业化经营中获得收入逐年增加。

如今，美丽乡村建设工程正给托克托县的广大农村带来了"看得到、摸得着"的变化，一排排整齐的砖瓦房宽敞明亮，一条条宽阔的街道通向远方，一间间活动室丰富着村民的文化生活，一张张幸福的笑脸洋溢在村民脸上。

便民超市

黄河湿地管委会皮条沟村

支柱产业与发展优势

支柱产业与发展优势

ZHIZHUCHANYEYUFAZHANYOUSHI

托克托工业园区已成为当地经济发展的最大亮点，是自治区级高新技术产业园区和循环经济示范区。发展循环经济，是突破资源、环境瓶颈，实现可持续发展的必由之路。

资源优势

托克托县地处大青山南麓、黄河上中游分界处北岸的土默川平原，地势平坦，平均海拔1132米，四季分明、日照充足。全县总面积1416.8平方千米，辖5个镇，1个自治区级工业园区，1个自治区级农业产业化示范园区，1个黄河湿地管理委员会，15个社区，120个村委会，居住着蒙、汉、回、满等32个民族，总人口20.3万人。黄河流经县境37.5千米，县境内的河口村（河口古镇）是黄河上、中游分界点。

（一）水煤组合优势。托克托县水资源较为充沛，国家黄委会批准呼和浩特市春华水务公司"引黄入呼"供水工程取水口设在县境内，日取水量为4亿立方米。其中，为托克托工业园区日供水1.2亿立方米，分两期工程实施。一期工程已达到日供水4千万立方米，二期工程将根据园区企业用水情况进行续建。目前，园区企业日用水3千万立方米，还有日供水9千万立方米的能力。此外，为引进更多大项目，不断壮大托克托县工业经济，呼和浩特市政府已批准将根据项目的需要随时为托克托县增加用水指标，满足园区企业用水需求。

托克托工业园区周边煤炭资源丰富，距园区50千米的准格尔煤田已探明储量544亿吨，远景储量1000亿吨，年开采量1亿吨。煤田煤质优良，储量大，运距短，成本低廉，在同类产品市场竞争中具有明显优势。

（二）区位交通优势。工业园区距北京580千米，北距自治区首府呼和浩特市区65千米，南距准格尔煤田50千米，西距草原钢城包头市130千米，处于呼包鄂金三角腹地，是国家呼包银榆经济圈和自治区沿黄沿线经济带的重要产业区，区位优势明显，形成了公路、铁路和航空相结合的立体交通网络。

公路：现有3条主要公路干线。其中有呼大高速公路贯穿全县南北，是连接托克托县与首府的主干线；有呼和浩特市至准格尔煤田的运煤专线S103省道；有与包头、凉城县和晋陕两省相通的萨凉公路。此外，还有10多条县乡柏油路东西南北贯通县内各乡镇，交通网络便捷畅通。

铁路：与丰准铁路接轨的大唐托电专用线横穿托克托工业园区，大型物资可通过铁路直接运抵托克托县。2005年建成通车的呼准铁路经过托克托县，即将建设的呼包鄂城际快速铁路经过园区并设有站台，将为托克托县的发展创造更为便捷畅通的交通条件。

航空：呼和浩特市白塔机场距托克托县一小时多的路程，正在筹建的呼和浩特新机场与托克托县古城镇相邻，距离工业园区约半小时的路程。

（三）电价比较优势。目前，托克托工业园区企业用电平均价格为每千瓦时0.45元。按照内蒙古自治区人民政府《关于发展电力优势促进工业经济持续健康发展的意见》文件精神，关于支持符合国家政策的大型钢铁及有色金属冶炼、化工

等产业的新建项目配套建设自备电厂，鼓励企业利用生产过程中产生的余热、余压、废气、矸石等配套建设资源综合利用自备电厂和热电联产自备电厂，自备电厂系统备用费不得高于每千瓦时0.339元。按照内蒙古自治区人民政府《关于进一步加大电力扶持力度促进企业正常生产的通知》文件精神，对蒙西地区电力多边交易加大力度，提高电价补贴幅度。同时实施电网峰谷电价政策，利用电网峰谷电价价差的定价机制，降低大工业企业用电成本，提高优势特色产业的竞争力。

（四）供气系统完善。内蒙古有全国最大的整装大气田——苏里格气田，探明储量5336亿立方米，每年向呼和浩特市的送气能力为9.5亿立方米。该输气项目已经为托克托工业园区预留了输出口。此外，中燃公司在S103省道75千米处有燃气接入点，燃气管道延伸到了工业园区，能完全满足园区企业供气需求。

（五）周边矿产资源丰富。内蒙古鄂尔多斯市现已探明煤炭储量1496亿吨、天然气7504亿立方米、天然碱储量6000万吨、食盐1000万吨、芒硝70亿吨（其纯度、结晶度为国内外所罕见）。鄂尔多斯市建材资源储量大、质地好，极具开发利用价值。探明石膏储量约35

内蒙古托克托县蒙丰特钢有限公司

亿吨、石灰石65亿吨、高岭土65亿吨，经化验在全国硬质高岭土中质量最优。内蒙古中西部地区蕴藏着丰富的硅石资源，硅石矿二氧化硅含量大都在99%以上。内蒙古包头市白云鄂博大型矿产，已探明储量为10亿吨以上，保有储量3.36亿吨，现年产铁矿石约1500万吨，也是罕见的以铁、稀土、铌为主的多金属共生矿，其稀土储量居世界首位，铌储量居全国第一，世界第二。

呼和浩特市主要矿石有石墨、大理石、膨润土、高岭土和铜、铁、锌、镁、黄金等上百种，其中，距园区最近的铁矿位于武川县，已探明铁矿储量为1亿吨以上，现年开采量约500万吨以上。其它辅助原料资源条件也很好，如白云石、萤石、耐火材料附近储量也较大，开采条件较好，完全可满足钢铁企业生产。

（六）其他资源优势。

1.玉米供应：内蒙古自治区玉米品质优良，年产量约800万吨，其中西部盟市年产量为400万吨。呼和浩特市地区玉米年产量稳定在85万吨左右，托克托工业园区现有企业玉米需求量约为70万吨。

淀粉供应：园区内现有淀粉和液糖生产企业5家，年产玉米淀粉45万吨、液糖20万吨。（目前，淀粉均价为2750元/吨；液糖均价为2500元/吨）

粮食仓储：呼和浩特市地区常规储备粮食10.5万吨，粮食储备库共计48个，其中托克托县3个，呼和浩特市粮库的仓容量为20万吨，库内可储存粮食40万吨（垛满）。分布在其他旗县区的各粮库距托克托县的距离30—120千米。园区内的正奇粮食物流公司可仓储60万吨，主要为园区内生物制药企业服务。

2.土地价格:园区工业用地类别属十四类,土地出让金和相关税费届时可采取一事一议的方式予以确定。

3.蒸汽价格:园区呼和浩特热电有限责任公司2×30万千瓦机组为热电联产机组,供汽能力为300立方米/小时,远景可达到800立方米/小时,供汽价格110元/立方米。

4.铝水资源及价格:托克托铝生态工业园是围绕大唐国际再生资源开发公司的高铝粉煤灰综合利用项目,进一步延伸园区产业链,提高产品附加值而打造的,目前已形成煤—电—粉煤灰—氧化铝—硅铝钛合金—硅铝钛合金加工并由粉煤灰联产水泥和陶粒的循环经济产业链,规划总面积13.5平方千米。目前,再生资源公司一二期铝水生产规模年产12万吨,正在建设的年产16.2万吨铝硅合金技改项目投入生产。再生资源公司生产的铝水价格较铝市场长江价(中国北方铝市场价格,目前均价为14500元/吨)每吨低350元。园区现有铝深加工企业三家:内蒙古广银铝业、东亚铝业、光太铝业,每年需铝水量约为80万吨。

5.污水处理:园区已建成日处理能力2万吨的二级综合污水处理厂,目前收取污水处理费收取标准为5.88元/吨。

6.税收政策:园区享受国家西部大开发税收优惠政策。另外,凡是国家、自治区及呼和浩特市出台的关于循环经济和其他优势项目的扶持优惠政策园区均可执行。

7.科技人文资源:园区先后建立了内蒙古托克托科技就业服务中心、内蒙古自治区航天生物科技企业孵化器和内蒙古富勒纳米托克托工业园区技术研发中心,与科研院所、高等院校进行了深入的合作。

园区周边的呼、包二市共有四十余所院校,每年有各类专业毕业生约8万名,可为入区企业提供各类专业技术人才。

三条循环经济产业链

发展循环经济,是贯彻落实科学发展观的必然要求,也是突破资源、环境瓶颈,实现可持续发展的必由之路。托克托工业园区在积极引进大项目,凸显产业集聚效应的同时,积极探索、发展循环经济,初步形成了玉米深加工、粉煤灰综合利用和煤化工三条产业链,具有良好的示范引导作用。

把电力冶金产业相结合,利

托克托县工业园区(一)

托克托县工业园区（二）

用独特的粉煤灰富含高铝资源的优势，打造煤—电—高铝粉煤灰——氧化铝—电解铝、铝硅合金—铝材料—水泥循环产业链。大唐托电每年燃用准格尔煤约1600万吨，产生粉煤灰400多万吨，一期灰场已堆存1000多万吨粉煤灰，大量的粉煤灰的堆放不仅占用大量土地，而且对环境造成严重的污染，如何实现"变废为宝，循环利用"是中共托克托县县委、县政府多年来一直在寻求解决的一个大课题。早在2003年大唐托电1、2号机组开始运行时，在中共托克托县县委、县政府和上级部门的大力支持下，大唐托电与清华大学和清华同方合作，组建内蒙古大唐国际再生资源开发有限公司，专项研究"怎样把发电过程产生的粉煤灰很好地利用掉"。专家对粉煤灰取样分析后吃惊地发现，大唐托电的粉煤灰中氧化铝的含量高达42%，比常规粉煤灰中所含的30%氧化铝量高出很多，是国内外罕见的再生含铝矿物资源。经过长达4年的高铝粉煤灰生产铝硅钛合金的科技攻关和产业化试验，科研人员成功从煤灰中提取出氧化铝和铝硅合金，填补了国际国内利用高铝粉煤灰提取氧化铝并进行深加工生产铝钛合金的工艺技术领域的空白。2007年8月，大唐国际再生资源开发有限责任公司正式成立，2008

大唐托电发电机组

托克托铝生态工业园

大唐托电再生资源厂区一角

年3月通过权威专家认定并正式开工建设，项目分三期建设，计划投资250亿元，年产值200亿元，上缴税金40亿元，每年可消化粉煤灰460万吨。2011年，国家发展改革委《关于加强高铝粉煤灰资源开发利用指导意见》出台，要求积极开拓高铝粉煤灰提取氧化铝这一新领域，直接推动了托克托县高铝粉煤灰的转化利用，为电厂的粉煤灰利用找到了一条极佳路径，与此同时，托克托县积极实施粉煤灰就地转化、综合利用造就一座"大铝矿"，规划建设占地10平方千米的铝工业园

区，进一步加强铝加工产业集聚，壮大铝产业规模，打造以煤、电、铝、水泥和陶粒联产联营为主的循环经济产业链，实现资源多层次转化增值。园区铝生态工业企业已有三家，分别是内蒙古广银铝业有限公司年产50万吨铝加工项目；内蒙古光太高科铝业有限公

广银铝业

司年产10万吨铝型材深加工项目和北京东亚铝业有限公司投资的铝水深加工项目，这三条铝水深加工生

托克托联合水务有限公司

内蒙古大唐国际再生资源开发有限公司

产线，把大唐再生资源生产的所有的铝水都消化掉了。这样减少了融化铝锭的一个环节，同时，减少了一道污染。另外，在东区还建有一个消化粉煤灰的宇嘉集团，生产国际领先的石油压力支撑剂（石油钻探封闭油井的陶粒）。同时，托克托县按照循环经济发展的思路，在综合利用粉煤灰这条产业链上还可以做电缆、涂料、活性硅酸钙硅盖板、汽油、柴油、纸、水泥、砖等等，最终将粉煤灰"吃干榨净"。

2011年3月22日，时任中共中央政治局常委、国务院副总理李克强同志亲临再生资源公司视察，对粉煤灰提取氧化铝项目予以高度评价，并强调："再生资源项目是循环经济的示范项目、重点项目，也是大有可为的项目，要继续大力发展，提升综合经济与环境社会效益，展现大唐雄风！"目前，托克托县已构建起"煤—电—高铝粉煤提取氧化铝—铝硅钛合金材料深加工—水泥"循环经济产业链，最大限度地

国能发电

国能发电

开发粉煤灰资源，变废为宝，减少粉煤灰对环境造成的污染，实现资源的可循环与再利用。

在生物发酵产业上，围绕玉米深加工，全力打造玉米—淀粉—原料药—成品药循环经济产业链。种植玉米是托克托县农民增收的主要来源之一，托克托县年玉米产量约22万吨。随着工业园区的不断开发建设，托克托县依托资源优势发展生物发酵产业，以优质专用玉米为原料生产淀粉，用玉米副产品生产饲料，用于养殖业，以淀粉为原料，经生物化工生产原料药、饲料

添加剂、化工医药中间体等，进而生产人用兽用药物制品制剂，最终生产成药品，实现科学循环发展。目前，入驻园区的有金达威、中牧、健隆、升华拜克、神舟等一批玉米加工及深加工生物发酵企业有13家，园区生物发酵容积达2.8万立方米，可年消化玉米淀粉70万吨，使托克托县及周边地区玉米得到了就地转化增值，玉米的产业链条已由最初的淀粉、原料药，延伸到成品药，附加值和科技含量得到极大提升，形成了"玉米加工—原料药—药物制品制剂"产业链。与此同时，中共托克托县县委、县政府始终把环保工作作为头等大事来抓，努力突破制约托克托县生物制药产业发展的最大瓶颈。

在煤化工产业方面，打造"煤—甲醇—汽柴油、烯烃-下游产

神州生物科技有限责任公司

品"循环经济产业链。"十二五"期间，"煤—甲醇—烯烃—下游产品"产业链是托克托工业园区重点发展的重化工循环经济产业链。该产业链是依托锡林郭勒盟和准格尔旗煤田丰富的煤炭资源为原料，进行煤炭深加工。目前，内蒙古庆华集团拟在托克托工业园区投资建设千万吨煤基清洁能源项目，拟投资825亿元，建设每年3500万吨以上原煤提质，以及甲醇和汽、柴油生产项目，项目已取得国家发改委开展前期工作的函，前期的各项手续正在着手办理。

未来发展趋势

在未来的发展中，托克托县将深入贯彻习近平总书记系列重要讲话精神和视察内蒙古重要讲话精神，抢抓呼包鄂协同发展和国家级呼和浩特新区建设的新机遇，敢于担当、主动作为，坚持把重大项目建设作为"第一抓手"，加快推进

内蒙古金达威药业公司

广银铝业生产车间

新型工业化、信息化、城镇化、农牧业现代化、绿色化"五化"协同发展，统筹推进经济社会各项事业，坚持以"两区一带"为抓手，加快三次产业转型升级，着力打造更具实力、更具特色的经济强县。为首府打造全区经济社会发展火车头、改革开放领头羊、统筹城乡发展先行区、生态环境保护示范区做出重要贡献。托克托县将充分发挥独特的区位优势、水煤组合优势、电力比较优势和人文资源优势，利用好国家实施新一轮西部大开发和支持民族地区跨越式发展的有利条件，借鉴共享京津冀地区友好合作工作园区的先进经验和信息资源，以市场为导向，以产业结构调整、升级为主线，继续巩固壮大四大优势特色产业，努力做大做强"煤电铝一体化、煤化工、生物制药"三大循环经济产业链，培育构建新的增长点和增长极，努力提升园区工业整体水平和核心竞争力。继续扎实开展托克托工业园区的招商引资工作，着力引进投资规模大、科技含量高、市场前景好的高科技项目。牢固树立招商第一的理念，把招商引资作为发展工业的首要任务来抓，逐步完善更具特色和优势的优惠政策，增强招商引资的吸引力，争取早日建成国家级的循环经济示范园区。勠力同心，守望相助，顺应新常态、重塑新动力，为打造祖国北疆亮丽风景线努力奋斗！

吟咏云中古诗词

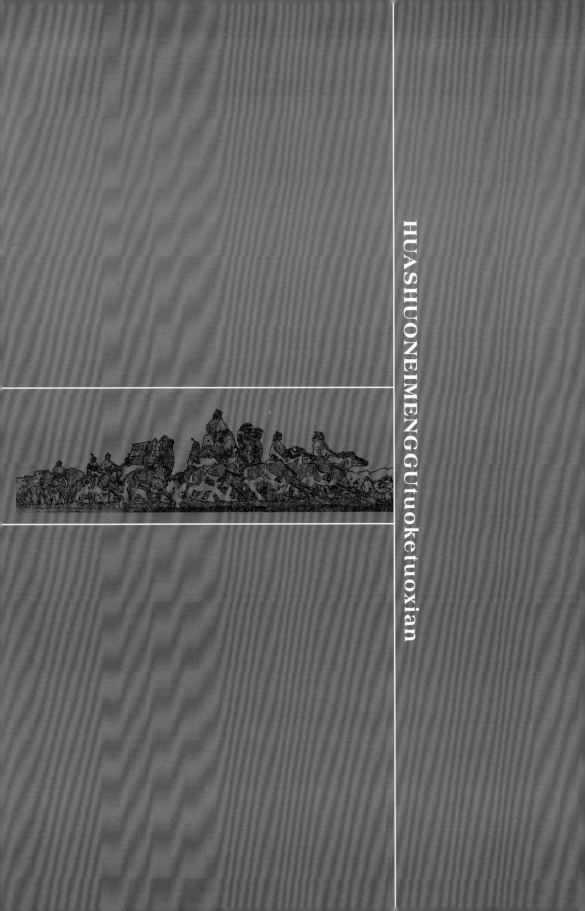

HUASHUONEIMENGGUtuoketuoxian

吟咏云中古诗词

YINYONGYUNZHONGGUSHICI

千年古云中，魅力托克托。托克托县历史悠久，山川壮美。千百年来，这块古老而文明的沃土吸引着帝王将相、文人墨客争相为其吟咏。

隋唐诗词

幸北塞

杨 广

鹿塞鸿旌驻，龙庭翠辇回。

毡帷望风举，穹庐向日开。

呼韩顿颡至，屠耆接踵来。

索辫擎膻肉，韦鞲献酪盃。

何如汉天子，空上单于台。

《感遇》之三十七首

陈子昂

朝入云中郡，北上单于台。

胡秦何密迩，沙朔气雄哉。

藉藉天骄子，猖狂已复来。

塞垣无名将，亭堠空崔嵬。

咄嗟吾何叹，边人涂草莱。

奉和幸望春官送朔方军大总管张仁愿

李 适

地限骄南牧，天临饯北征。

解衣延宠命，横剑总威名。

豹略恭宸旨，雄文动睿情。

坐观膜拜入，朝夕受降城。

送别出塞

陈子昂

平生闻高义，书剑百夫雄。

言登青云去，非此白头翁。

胡兵屯塞下，汉骑属云中。

君为白马将，腰佩骓角弓。

单于不敢射，天子伫深功。

蜀山余方隐，良会何时同。

送孙徵赴云中

韦应物

黄骢少年舞双戟，目视傍人皆辟易。
百战曾夸陇上儿，一身复作云中客。
寒风动地气苍茫，横吹先悲出塞长。
敲石军中传夜火，斧冰河畔汲朝浆。
前锋直指阴山外，虏骑纷纷蕚应碎。
匈奴破尽看君归，金印酬功如斗大。

云中行

薛奇童

云中小儿吹金管，向晚因风一川满。
塞北云高心已悲，城南木落肠堪断。
忆昔魏家都此方，凉风观前朝百王。
千门晓映山川色，双阙遥连日月光。
举杯称寿永相保，日夕歌钟彻清昊。
将军汗马百战场，君王射兽五原草。
寂寞金舆去不归，陵上黄尘满路飞。
河边不语伤流水，川上含情叹落晖。
此时独立无所见，日暮寒风吹客衣。

塞下曲

陈去疾

春至金河雪似花，萧条玉塞但胡沙。
晓来重上关城望，惟见惊尘不见家。

云中道上作

施肩吾

羊马群中觅人道，雁门关外绝人家。
昔时闻有云中郡，今日无云空见沙。

吴门送振武李从事

许浑

晚促离筵醉玉缸，伊州一曲泪双双。
欲携刀笔从新幕，更宿烟霞别旧窗。
胡马近秋侵紫塞，吴帆乘月下清江。
嫖姚若许传书檄，坐筑三城看受降。

狼 烟

薛逢

三道狼烟过碛来，受降城上探旗开。
传声却报边无事，自是官军入抄回。

宋元诗词

江城子

苏 轼

老夫聊发少年狂，左牵黄，右擎苍，锦帽貂裘，千骑卷平冈。为报倾城随太守，亲射虎，看孙郎。

酒酣胸胆尚开张，鬓微霜，又何妨？持节云中，何日遣冯唐？会挽雕弓如满月，西北望，射天狼。

过东胜用先君文献公韵

耶律楚材

荒城潇洒枕长河，古寺碑文半灭磨。
青冢路遥人去少，黑山寒重雁来多。
正愁晓雪冰生砚，不忿西风叶坠河。
偶忆先君旧游处，潜然不奈此情何。

依然千里旧山河，事改时移随变磨。
巢许家风鸟可少，萧曹勋业未为多。
可伤陵变须耕海，不待棋终已烂柯。
翻手荣枯成底事，不如归去入无何。

东胜道中

刘秉忠

天荒地老物消磨，赢得诗人感慨多。
两鬓红尘秋色老，又投东胜过黄河。

明清诗词

云中即事

于　谦

目击烟沙草带霜，天寒岁暮景苍茫。
炕头炙炭烧黄鼠，马上弯弓射白狼。
百二连营秦壁垒，五原分锁汉封疆。
边陲无事风尘净，坐听茄声送夕阳。

出使云中作

李梦阳

黄河水绕古边墙，河上秋风雁几行。
客子过壕追野马，将军韬箭射山狼。
黄尘古道迷飞挽，白月横空冷战场。
闻道朔方多勇略，只今谁是郭汾阳。

冰　渡

康　熙

云深卓万骑，风劲响千旗。
半夜河冰合，安然过六师。

十一月三日，泛舟黄河，流凌始下，舟行之顷，河水莹洁，波浪忽平

康　熙

黄涛何汹汹，寒至始流凌。
解缆风犹紧，移舟浪不兴。
威行宜气肃，恩布觉阳升。
化理应多洽，嚣氛顷刻澄。

脱脱城

康　熙

土墉四面筑何坚，地压长河尚屹然。
国计思清荒服外，早将粮粟实穷边。

其他诗词

将赴朔方早发汉武泉

弭盖出故关，穷秋首边路。
问我此何为，平生重一顾。
风吹山下草，系马河边树。
奉役良有期，回瞻终未屡。
去乡幸未远，戎衣今已故。
岂惟幽朔寒，念我机中素。
去矣未复言，所酬知音遇。

夜上受降城闻笛

入夜思归切，笛声清更哀。
愁人不愿听，自到枕前来，
风起寒云断，夜深关月开。
平明独惆怅，落尽一庭梅。

送客归振武
塞下曲

为报如今都护雄，匈奴且莫下云中。
请书塞北阴山石，愿比燕然车骑功。

送柳判官赴振武

边庭汉仪重，旌甲似云中。
虏地山川壮，单于鼓角雄。
关寒塞榆落，月白胡天风。
君逐嫖姚将，麒麟有战功。

后　记

　　《话说内蒙古·托克托县》于今面世了。

　　《话说内蒙古·托克托县》的公开出版发行，首先得益于内蒙古人民出版社的鼎力支持。《话说内蒙古》丛书编辑部的领导、编辑同志多次莅临托克托县，从筹备工作到纲目拟定，从内容选编到篇章结构乃至文辞修改润色均予以中肯指导，从而保证了编写工作的顺利进行。

　　《话说内蒙古·托克托县》是在中共托克托县县委、县政府领导的直接关注、支持下开展工作的。县委宣传部具体主抓编书业务，组织编辑人员，落实编写任务，为编写工作创造了便利高效的条件和环境。对入选文章精心审阅，提出具体修改意见，几易其稿，谨慎定稿。对入书的二百多幅照片精细筛选，力求文图相映，图文并茂。

　　《话说内蒙古·托克托县》内容虽然涉及托克托县的历史、人物、民俗、风物、当代精神、物质建设等多个层面，但限于篇幅，本书远不能较为全面系统地反映托克托的方方面面，未能充分展现托克托的魅力，更因撰写人员水平有限，文笔粗疏，诸多失误之处，恳请方家、读者赐教、谅解。

编者

2016年1月1日